U0145256

大家身影

走過，必留下足跡；畢生行旅，彩繪了閱歷，也孕育了思想！人類文明因之受到滋潤，甚至改變，永遠持續！

將其形諸圖文，不只啓人尋思，也便尋根與探究。

昨日的行誼，即是今日的史料；不只是傳記，更多的是思想的顯影。一生浮萍，終將漂逝，讓他走向永恆的時間和無限的空間；**超越古今，跨躍國度，「五南」願意！**

思想家、哲學家、藝文家、科學家，只要是能啓發大家的**「大家」**，都不會缺席。

至於以「武」、以「謀」、以「體」，叱吒寰宇、攪動世界的風雲人物，則不在此系列出現。

大家受啟發的
大家身影系列 017

海耶克

揭穿社會主義眞相的一代經濟學大儒

吳惠林 著

自序——呼喚「海耶克」

一九八〇年代蘇聯、東歐、波蘭（蘇東波）相繼由共產倒向私產，實施所謂的「市場經濟」，加上一九七八年底中共「放權讓利」開小門的所謂「經濟自由化」後，世人以爲共產主義已走入歷史，自由民主得以普照全球。迄今四十多年的演變，事實證明共產主義非但未消失，反而借「社會主義自由市場」的殼上市，在中國經濟崛起的掩護下更爲猖獗，中共肆無忌憚利用「耗費、浪擲資源」的「政府驅動型過度投資」，並以國家力量將法律當工具掠奪全球資源。如今不但中國本身資源幾乎被掏空，金融資產大泡沫伺機炸裂全球，更進而藉著「一帶一路」、「亞投行」掏空全球資源。最嚴重的是斲喪了人類的道德，讓鬥爭、陰謀、欺騙、不誠信與世人長相左右，而天災人禍不絕如縷，毀滅、世界末日的陰影揮之不去。而2020年爆發的冠狀病毒(Covid-19)更讓政府管制、干預大爲擴張，社會主義、共產主義赤裸裸地風行全世界，「奴役社會」已是活生生的現實。

這種情勢的形成肇因於地球人對共產黨、共產主義、社會主義的不了解，甚至是誤解，以爲中共眞的倒向自由市場經濟，百般呵護、協助其發展，最後將中共養大後又受其挾持，在其威逼利誘下步步後退，最後很可能大家同歸於盡。早在一九七五年十月四日，已故的一九七四年諾貝爾經濟學獎得主之一海耶克（F. A. Hayek）在第三次訪問臺灣前夕，於西德的第一大報《法蘭克福通報》發表專文，指責西方國家盲目媚匪，將鑄成大錯，文中指出自由世界對中國共產黨令人難以相信的諂媚態度，致英、法兩國斷絕與中華民國的關係以取悅毛共。海耶克一九四四年寫的《到奴役之路》（*The Road to Serfdom*），已將社會主義、共產主義這些集體主義的禍害赤裸裸地描述，他也明確指出「社會福利、福利國」的可怕，且以「冷的社會主義」形容社會福利，而「溫水煮青蛙」、「包著糖衣的毒藥」則是貼切的比喻。

共產主義、法西斯主義被海耶克稱爲「熱的社會主義」，其水深火熱較容易被察覺，但也荼毒人類達七十年才被察覺，而社會福利的禍害直到二十一世紀歐債危機中「希臘債務」事件才呈現。海耶克一生都在揭穿社會主義的眞相，並且一再苦口婆心告誡世人它的毒性之大，沒想到備受冷落，甚至被人避之唯恐不及。

一九三〇年代全球經濟大恐慌，是世人揮之不去的苦痛，而一九二七年海耶克就發出警語明示崩潰的日子，他並且診斷出病因，也提出解救之道，奈何他的處方需要世人忍受一段苦日子才能復原，於是不受青睞。相對地，凱因斯提出「政府創造有效需求」的藥方，以印鈔票促成通貨膨脹來促進就業而受到全球歡迎，被稱爲救世主，而海耶克被打入冷宮，輸得非常徹底。不過，迄今九十多年，金融風暴、通貨膨脹、經濟蕭條一直與人長相左右，二十一世紀流行的QE（寬鬆貨幣或量化寬鬆）政策，讓世人浸泡在金錢海嘯裡載浮載沉，如吸毒般劑量一次比一次重，給「毒癮」的稱呼一點都不爲過，人類將伊于胡底？在通貨膨脹籠罩全球的今日，只能無語問蒼天？！

這些正在上演的悲劇，不禁讓我們更懷念海耶克，如果他還在世不知會怎麼做？應該會帶頭義正辭嚴駁斥這些流行的觀念和政策，將之翻轉向正路吧！

在海耶克無法還魂重生下，將其信念、主張予以重述、闡揚，應是濟世、救世的正道，而以描繪其一生的方式應該是適當的，這也是我寫這本《海耶克》的原委。

我們知道，市面上已有好幾本海耶克的傳記，甚至有《海耶克論海耶克》的訪問紀錄，爲何還需再多加一本呢？除了更簡要、活潑介紹海耶克外，詮釋、評論兼具的夾敘夾議方式，將海耶克和奧國學派的學說重見天日，以及加入海耶克與臺灣的元素，應有其價值存在。

本書共分七章，首先談海耶克的家庭及其求學過程，第二章記述海耶克多彩多姿的學術及教學生涯，第三章介紹海耶克的學術貢獻和自由經濟思路，第四章描述海耶克一手創立的極特殊的蒙貝勒蘭這個崇尚自由經濟的學會，並且爲被扭曲的資本主義辯正，第五章記述海耶克和蔣碩傑這對師徒與凱因斯之間的交往及論戰，第六章說明海耶克獲頒諾貝爾獎的來龍去脈，最後一章則以回顧海耶克與臺灣的關係作結。

本書以通俗化方式呈現，沒有注解和參考文獻，主要的參酌書籍有兩本，一本爲二〇〇五年出版的《海耶克：二十世紀古典自由主義大師》（姚中秋譯，康德出版社），另一本爲二〇〇七年出版的《偉大經濟學家海耶克》（施建生著，天下文化）。感謝五南圖書出版公司及編輯同仁的辛苦編校，敬請讀者不吝指正。

中華經濟研究院特約研究員

吳惠林 於臺北

二〇一五年七月二十二日

二〇二二年六月二十九日一修

目錄

第一章　書香世家與求學過程

一、家庭

一八九九年五月八日，弗里德里奇・奧古斯特・馮・海耶克（Friedrich August von Hayek）誕生於奧匈帝國的首都維也納。長期以來，維也納是神聖羅馬帝國的京都，之後成爲奧地利帝國首都，一八六七年又成爲奧匈帝國的首都。

維也納是日爾曼世界的文化中心，更是世界的音樂之都，名滿全球的貝多芬、莫札特、海頓、舒伯特等古典音樂大師，都曾經在這個都市生活並創作樂曲。

出生在這個地靈人傑都市的海耶克，其父親奧古斯特（August，海耶克的中間名字由此而來），是維也納市衛生局的醫生，但他的眞正興趣是植物學，寫了一些這方面的專著，因而也在維也納大學兼任植物學講師，但未能擔任正式大學教授，是其終身憾事。

海耶克的母親費莉西塔斯・馮・尤拉舍克（Felicitas von Juraschek），其娘家是富裕、保守，且擁有地產的家庭。在海耶克出生前幾年，費莉西塔斯的母親過世，留給她一筆很大的遺產，提供海耶克父母婚後若干年近半的收入。

海耶克是家中三個男孩的老大。小他一歲半的海因里希（Heinrich von Hayek），是維也納大學的解剖學教授；小他五歲的埃里希（Erich von Hayek），則是奧國英士布魯克（Innsbruck）大學的化學教授。或許由於受到父親對渴望擔任大學教授的影響，海耶克三兄弟也希望能擔任大學教授，結果都如願。這種對學術工作的喜愛，也遺傳給海耶克的子女。他的兒子是病理學博士，女兒是生物昆蟲學家。奇特的是，海耶克全家都是自然科學研究者，只有他是例外，或許是他得到母系家族的遺傳。

海耶克的外祖父法蘭茲・馮・尤拉舍克（Franz von Juraschek），是英士布魯克大學的憲法教授，也是統計學家和經濟學家，他和奧國學派第二代掌門人龐巴衛克（Eugen von Böhm-Bawerk）是爬山好友，交情頗深。當海耶克還不知道經濟學是什麼東西時，就已經在外祖父家時常見到這位經濟學大師了。

海耶克的祖父古斯塔夫・艾德勒・馮・海耶克（Gustav Edler von Hayek）在維也納帝國實務科高級中學，教了三十年的自然科學，寫了多本生物學的系統性論著，有的還相當出名。海耶克還有一位非常有名的遠房表親——哲學家路德維希・維根斯坦（Ludwig Wittgenstein）。

海耶克是在日爾曼文化氣氛中長大的，對一切事物都抱持極端求真的熱情，不只要講眞話，還必須「活得」眞誠，不可寬容自己或他人的任何虛僞做作，對於每種習俗都要予以深入剖析，對於每種傳統、規矩，都要揭露出欺騙性。

不只在政治上，海耶克的性格流露出他是一位徹頭徹尾的「個人主義」者（individualism）。在其成長過程中，他們家庭最引人注目的是他父親蒐集的植物標本，房子裡充滿了無數晾乾的植物標本與有關植物的書籍、圖片。海耶克與其父親一起從植物學中享受到很多樂趣，這是他童年時持續時間最長的愛好。海耶克於童年和青少年時，還對攝影、騎自行車、滑雪、帆船、攀岩、登山、戲劇等產生過興趣，他曾描述過登山對自己的吸引力。

海耶克表示，讓他入迷的倒不是登山的技巧，他是在沒人指導的情況下攀登，從艱難的地形享受樂趣，而最大的樂趣則是在只有一條可以通往山頂的道路之地，尋找自己要走的路線。登山是海耶克家族的傳統，他的外祖父在一八八〇年代與龐巴衛克這位傑出的經濟學家一起爬山，兩人皆任教於英士布魯克大學。

在海耶克的成長過程中，沒有得到任何宗教方面的教誨。他的父母形式上都是羅馬天主教教徒，卻從未帶海耶克上過教堂，學校中有些宗教教育，但只是最低限度的。在春、夏季節的週日，是海耶克家「極爲固定的」全家遠足活動時間，海耶克和弟弟們不參加學校舉辦的半強制性彌撒，因而經常與學校當局發生衝突。海耶克和他父親，有時還會在星期天到森林裡去散步。

海耶克在中學可算是個有點叛逆的學生，除了生物學之外，他對別的課程都提不起興趣。十四歲時，他的拉丁語、希臘文和數學都不及格，留級了一年。海耶克換了兩次文科中學，因他老是跟老師鬧彆扭，他總是在年終考試前才臨時抱佛腳用功幾個星期，把整年都沒碰過的幾門課的一整年內容大概溫習一下。

海耶克很聰明，但對學校念書不感興趣，也表現不好，然而同學都認爲他非常聰慧。海耶克大部分必修課的成績都墊底，他對同學所學和老師所教的大部分東西都覺得無趣，而且也不會覺得內疚。不過，海耶克在家卻是一位小學者，幫父親進行植物學研究，且一起出席維也納植物學會的學術會議。十四、十五歲時，海耶克對生物學的分類方法不滿意，想獲得更多理論知識，他的父親給了他一本演化論的重要著作，雖在那時對他來說太艱深，但他對演化現象一直保持濃厚興趣。適者生存的觀念，以及人們未曾預料到的，不是由誰指揮的演進發展觀念，一直都是海耶克思想的關鍵。

海耶克小時候的家庭生活是人們嚮往的理想生活，一日三餐都是全家人共同用餐，天底下的事無所不談。海耶克覺得他的父親是在德國文學領域學問極爲淵博者，每天早上都沖冷水澡，爲的是鍛鍊自己的身體和精神。海耶克年輕時與第一次大戰後的很多個晚上，都和家人一起聽他父親朗讀德國的偉大戲劇和德文版的莎士比亞戲劇。海耶克深受父親影響，也實現其父親未能實現的做學者之夢想。

二、求學歷程

海耶克的中小學平淡無奇，對課業沒興趣且不用功，成績平平，只對生物學感興趣。一九一四年七月二十八日，奧匈帝國向塞爾維亞宣戰，第一次世界大戰爆發，海耶克當時還是一個十五歲的年輕人，他和家人都支持這場戰爭。一九一七年三月，中學還未畢業的海耶克在維也納入伍，參加砲兵團，歷經七個月訓練，以最低階士官派往義大利戰場。在訓練期間，他利用假期前往其中學修了一些課程，以取得證書，致使日後能直接上大學。當時的政府爲了優待服役軍人，對於這種請求都從寬處理。在那時，當戰場上停火時，又承蒙連上一位長官將經濟學的內容作了一次有系統的講解。到一九一八年六月，奧匈聯軍作了一次攻擊，大敗而向後方撤退，當時許多人都爲飢餓與疾病所苦。海耶克在戰事快結束時，差點成爲俘虜，還染上瘧疾，熬了一年半才擺脫病魔糾纏，到一九一八年十一月才撤回到維也納。

返回維也納後，十九歲的海耶克不久後（一九一八年底）就進入維也納大學就讀。在心理學和經濟學之間，海耶克下不了決心。他主修法律，因為經濟學在當時是屬於法律系，但他對心理學的興趣不亞於經濟學。在金錢和謀職考量下，海耶克選擇了經濟學。他當時計畫從事同時需要法學和經濟學的職業，猜想外交部門應是理想所在。

維也納大學的日子

戰後的維也納極端淒涼，新成立的奧地利飽受著饑荒、燃料匱乏、通貨膨脹與流行性感冒的侵襲，經濟徹底崩潰了。就在這時，海耶克接觸的各路思潮與主張在此匯合，這些觀念在其他國家接踵出現，並為集體主義統治奠定基礎，那是一個政治、經濟與社會激烈變革的時代。

十七歲到二十三歲期間的海耶克，是一個具有溫和社會主義思想的年輕人，但他從未迷戀過馬克思主義的社會主義（Maxist Socialism）。海耶克早年的社會主義思想讓他對經濟學產生興趣，因為他為了弄清楚「社會主義是否可行」？

海耶克入學時的維也納大學是一個「極為有活力的地方」，舊帝國各地方的學者湧入，維也納大學因而受益。海耶克在維也納大學跨入自由主義、自由市場的傳統經濟學的堂奧，畢生徜徉於此一潮流中。影響他最大的人物是奧地利經濟學派

（Austrian School of Economics）的創始者卡爾・孟格（Carl Menger）。讀了孟格的《經濟學原理》（*Principles of Economics*）後，海耶克完全被經濟學迷住了。

海耶克只見過孟格一面，那是一九二〇年孟格已高齡八十歲，在維也納大學參加學校活動的時候，因爲孟格在一九〇三年已經退休，不在學校授課，只偶爾來校參加活動。第一次世界大戰剛結束的那段期間，維也納大學經濟學系一度亂七八糟，還好只有一年而已，那時系裡已沒人了，威塞（Fried rich von Wieser）離開去當奧地利政府的末代商務部長，龐巴衛克剛去世不久，系裡只有一位社會主義經濟史學家卡爾・葛雲貝（Karl Grünbeng）。

還好的是，一九二〇年威塞返校，他是一位令人肅然起敬的老師，非常令人尊重的人物，是海耶克的經濟領域偶像，引領海耶克進入經濟學堂奧。

在維也納大學的第一年，海耶克最熱衷心理學，感興趣的是哲學心理學。在這一領域，海耶克受到物理學家兼哲學家恩斯特・馬赫（Ernst Mach）很大影響。而馬赫在一九一六年去世前，曾在維也納大學執教多年，在海耶克讀書期間，他的哲學思想主宰了整個維也納學術研究界。

大學二年級時，海耶克投入心理學和經濟學的時間各半，放假時曾到蘇黎世一位大腦解剖學家的實驗室待了幾個星期，探究大腦中的神經纖維束。到了大三和研究生階段，海耶克的重心轉向經濟學。自大三攻讀第二學位後，海耶克開始和威塞往來密切。

維也納大學的校風非常自由開放，學生可自由選課，也不強制學生必須上課，各種課程也無指定讀物。各種考試都以口試方式，只在學期末舉行一次筆試，但最後的學位考試卻非常嚴格。以法學博士來說，經通過法學、經濟學和一門學生自選的課程共三門課的筆試才能獲得學位。校內有許多討論會，大都在附近的咖啡館或學生宿舍的咖啡座舉行。海耶克就時常去聽各種他喜愛的課，主要的還是經濟學和心理學，而法律課只在一九二〇年至一九二一年上了一年，且幾乎每晚都跑去看戲，但他卻在一九二一年十一月拿到法學博士學位，對海耶克來說是輕鬆寫意。

當時維也納大學內的政治討論很熱烈，尤其在法學院，參與者有社會黨員、共產黨員。海耶克原先並未參與任何黨派，但在一九一八年至一九二一年間，與友人組織一個日耳曼民主黨（German Democratic Party），成爲天主教徒和社會黨及共產黨之間的團體，實際上就是相信英國費邊社會主義（Fabian Socialism）的一個組織。

當海耶克在一九二一年畢業時，維也納政府中有一個暫時性的新機關，主要任務是要按照巴黎和約規定，將各國在戰前所發生的私人債務予以妥善管理。米塞斯（Ludwig von Mises）代表維也納商會成爲其中的主管之一。這一機關對新進人員極具吸引力，因爲一位青年若曾研究過法律，並能通曉兩種外國語，就可得到一個待遇優渥的職位。

海耶克在當時很幸運的承蒙其業師威塞之介紹去見米塞斯，看了介紹信後，米塞斯對海耶克表示，威塞說海耶克是個出色的青年經濟學者，但他從未在班上見過海耶克。不過，海耶克還是被僱用了。海耶克很高興，同時決定在學校註冊攻讀另一個政治學博士，而威塞也同意擔任他博士論文的指導教授。一九二三年，海耶克在維也納大學獲得第二個博士學位——政治學博士，離他第一個博士學位還不到一年半！

一九二一年海耶克拿到法學博士後，本打算到德國的某所大學讀一年書，比如社會學家馬克思・韋伯（Max Weber）任教的慕尼黑大學，但韋伯在一九二〇年去世，而且奧地利的通貨膨脹使得海耶克的父親供不起兒子赴德讀一年書的費用。海耶克轉念一想，作爲一個經濟學家，對於英語國家的情形應該要有所了解，且英語要更流利，於是興起赴美進修的念頭。

跟後來的很多研究生不同，海耶克赴美並非獲得洛克斐勒基金會（Rockefeller Foundation）的協助，因爲該基金會協助外國人赴美進修的任務，當時尚未在奧地利實施。沒有能力自費前往，正在苦惱之際，一九二三年春天海耶克遇到在維也納的美國紐約大學教授詹克斯（J. W. Jenks），他將自己的意願告訴詹克斯。詹克斯對海耶克說，他要在隔年寫一本關於中歐的書，如果海耶克屆時能到紐約，他願意聘用海耶克當幾個月的研究助理。

海耶克告訴威塞與米塞斯這件事，他倆都同意海耶克赴美，威塞還特別寫信介紹海耶克去看熊彼德（J. A. Schumpeter），因爲熊彼德曾應邀在美國哥倫比亞大學擔任一年客座教授，想必認識不少美國教授，或許對海耶克有幫助。海耶克欣然去見熊彼德，他久仰熊彼德大名和造詣，那是他第一次見到熊彼德。

熊彼德幫海耶克寫了十二封介紹信，包括哥倫比亞大學的克拉克（J. B. Clark）和米契爾（W. C. Mitchell）、哈佛大學的陶希葛（F. W. Taussig）、耶魯大學的費雪（Irving Fisher）等知名教授，幾乎將美國東部所有的著名學者都囊括在內。另一方面，米塞斯還特別爲海耶克保留職位，在經濟上也盡可能作了對海耶克有利的安排。

赴美進修

一九二三年春，海耶克得到政治學博士學位，也籌足款項買一張到紐約的單程船票。抵達紐約時，海耶克身上只剩下二十五美元，開始按址拜訪詹克斯教授。不巧的是，詹克斯已出外度假，且留言不願受干擾，於是海耶克只好持熊彼德的介紹信去拜訪那些教授。

這些教授都殷勤招待，但除了一頓午餐外，什麼結果都沒有。有一次午餐後，不知是誰把五美元偷偷塞進一個香菸盒中交給海耶克，這些錢讓海耶克多撐了兩個多星期。雄心愈來愈小的海耶克，直到身無分文時，只好決定到第六大道（Sixth Avenue）的一家餐館去洗盤子。就在第二天早上上工前一小時忽然接到電話，說詹克斯教授已經回來了，並決定以每個月一百美元的報酬僱用他六個月。不過，海耶克對於沒有去洗盤子，成名後還耿耿於懷，表示遺憾呢！

海耶克每個月只花用六十美元，省下四十美元準備作爲返國的旅費。六個月之後，詹克斯替海耶克在紐約大學申請到一筆小額獎學金，比學費還多一些，他也就得以住進低廉的青年會，並維持九個月的生計。

海耶克在美國的博士課程，主要是貨幣穩定的問題，但他並未修完這個課程，因爲他將大部分時間用在哥倫比亞大學旁聽米契爾講授的經濟學史，並參加克拉克教授最後一次的研討課，海耶克還成爲克拉克的最後一位論文報告人。

在美留學時，海耶克構想的第一項重要計畫是，撰寫一本論述聯邦準備體系發展的書，雖然最終沒寫出書來，但其研究卻爲他最初發表的兩篇學術論文提供了素材，那是以德文發表的〈從一九二〇年危機中復甦後的美國貨幣政策〉和〈一九一四年改革以來的美國銀行體系〉兩篇文章。

這次的美國行讓海耶克的英語說得流暢多了，對他在一九三一年獲倫敦大學政治經濟學院的教職助益良多。此行也使海耶克熟悉了剛剛發展出來的美國統計方法，這也讓他後來得以被選任爲一九二七年在維也納成立的奧地利經濟循環研究所的所長。

海耶克還在一九二三年八月十九日的《紐約時報》上投稿，題目是「德國的金融」，這是他發表的第一篇英文文章，論述的是德國的「貧困化現象」。海耶克本想申請洛克斐勒基金會獎學金，在美國多待一年，威塞寫信向基金會推薦了他，使他成爲第一位奧地利申請者。

不過，天不從人願，就在獲得獎學金的通知書送到海耶克手上之前數小時，他已搭船返國，因爲海耶克久候無回音，且經濟遭逢困頓無法再等。他打算未來幾年後，利用這筆獎學金再到美國，但他結婚並當了研究所所長，無法長時間離開奧地利。

海耶克在美國期間，留起了鬍子，之後就成了他的標誌。海耶克對第一次美國之行的記憶並不怎麼開心，他比較自己在維也納和美國的生活，在維也納享受多彩多姿的學術和社交活動，在紐約卻因缺錢什麼事也無法做，根本看不到紐約的文化生活，只是經常跑到紐約的公共圖書館，跟同桌的四、五個人相識，這就是他對美國人的全部了解。

不過，在美國十五個月期間，海耶克對美國經濟學界的情況卻有所了解，但對他最感興趣的經濟理論方面卻很失望，因爲沒有新發展。當時盛行的是范伯倫（T. Veblen）創建的美國制度學派，海耶克曾親身聽過他一次講課，不是很滿意。但對范伯倫的弟子米契爾利用統計技術從事經濟景氣循環之分析，卻頗多讚許，且往後還加以應用。

當時美國經濟學界都從事實際問題的研究，特別是關於央行政策對經濟穩定的影響討論熱烈，這激發了海耶克往後從事貨幣理論與經濟循環間關係的研究興趣。海耶克最欣賞的是美國經濟學家想要作經濟預測，當時的歐洲對於現代經濟統計技術尚無所知，海耶克卻因留美而有相當了解。

第二章　多彩多姿的學術教學生涯

一九二四年五月，海耶克返抵維也納，隨即赴維也納商會向米塞斯報告留美經過，之後就回到商會工作崗位。海耶克出國前已在此工作一年半，但當時忙著攻讀博士學位及寫論文，與米塞斯較少接觸，只知他是一位工作效率極高的主管，每天只花二小時就辦妥公事，其餘時間都從事研究與寫作。

海耶克自美國回國後，才與米塞斯有了正式接觸，除從事工作職務外，海耶克也參加米塞斯籌組的一個私人研討會。那是米塞斯的學術活動中心，成立於一九二〇年，參與者是一群已大學畢業的青年，每年十月到隔年六月，每隔兩週集會一次。

維也納商會是奧地利政府的附屬機構，米塞斯是該商會的法律顧問和財金專家，主要任務是協助政府訂定法案，這是他的專職，維也納大學的課是兼職。當時參加研討會的主要經濟學家，除海耶克外，還有哈勃勒（Gottfried Haberler）、馬哈祿普（Fritz Machlup）、摩根斯坦（Oskar Morgenstern）等著名學者。他們討論的通常是關於社會科學的方法論問題，也時常討論經濟政策問題，從各種社會哲學對於它們所產生的影響切入討論。這是一種大學畢業後很好的教育學習方式，難怪海耶克會說米塞斯是他思想發展上一位主要的導師。

一、奧地利經濟景氣循環研究所

海耶克返國向米塞斯報告時，曾提到美國有「國民經濟研究所」（NBER），當時米塞斯並沒表示什麼，或許他對著重實證分析卻忽視理論探討的機構不認同。但當他在一九二六年應洛克斐勒基金會資助赴美作數月講學，親眼目睹美國正採用新型研究技術後，覺得奧地利也可學習，於是決定在奧地利也成立一個這種機構，此時米塞斯想到了海耶克，就指派海耶克負責籌劃，而米塞斯自己則向政府各機關索取資金，「奧地利經濟景氣循環研究所」（Austrian Institute for Business Cycle Research）就在一九二七年一月一日正式成立，海耶克被米塞斯委派為所長。該研究所蒐集數據，出月刊發表統計數據，也出版一系列叢書。

起初，海耶克只有兩位祕書幫忙，之後逐漸加入更多人力，米塞斯從未干涉過，讓該研究所獨立自主。這個研究所的出現，也替米塞斯和海耶克解決了一些問題。

話說海耶克剛從美國返國時，米塞斯就試圖為他在商會新設一個研究職位，在事實證明不可行之後，該研究所的成立正好補上。另一方面，海耶克在一九二六年八月四日娶了第一任妻子，她在海耶克服務的臨時機關擔任祕書，夫妻倆在同一機關服務總是不得當，研究所的成立使海耶克脫離該機關而解決了問題。

雖然研究所的成立對海耶克是好事，但也延誤了他申請大學教席資格的論文撰寫。原先海耶克想將在美國進修所得整理並寫成論文，作爲他申請大學執教資格之用，卻因籌設新研究所而延遲一些時間。此外，海耶克在一九二〇年代後期受邀爲韋伯主編的一套「社會經濟學叢書」中，所遺留的一本論貨幣補寫完成。他認爲必須有一長篇的導論，敘述此一科目的歷史演變，才能成爲令人滿意的貨幣理論與政策的教科書，這也延後了他申請教席的時機。

海耶克在維也納的最後兩、三年，在研究所主持業務和講課之外的空餘時間，都用來廣泛研究有關貨幣的文獻。當他接到倫敦大學的幾場演講邀約時，剛完成從十七世紀講到十九世紀的前四章。

一九二八年，海耶克的父親因腎病去世，年僅五十七歲，係因數年前進行一次植物學探險之旅時，遭到血液中毒導致腎病的。也就在這一年，海耶克爲了參加一個經濟學會，就用他正在撰寫中的論文之部分資料，寫成〈貿易循環的貨幣理論〉（Monetary Theory of Trade Cycle Theory）一文，預測世界將會出現經濟蕭條，結果是不幸而言中，那就是一九二九年開始，可怕的一九三〇年代世界經濟大恐慌。

海耶克在一九二九年終於完成〈貨幣理論與貿易循環理論〉（Monetary Theory and Trade Cycle Theory）這篇論文，向維也納大學提出「大學教學許可證」的申請，通過審核後，海耶克又作了一次測驗性演講，講題是「儲蓄的『矛盾』」（The “Paradox” of Saving），批評美國當時流行的「消費不足理論」也獲通過，因而取得資格擔任維也納大學「講師」，與哈勃勒和摩根斯坦共同開了一堂頗受學生歡迎的研討「生產理論」課程。

在維也納的最後幾年，海耶克研究的問題之一是「房租管制」，這讓他看清了政府干預經濟的負面效果，此一心得也促成多部著作的產生。

二、應邀赴英倫

一九三一年一月，英國倫敦政治經濟學院（London School of Economics and Political Science，簡稱LSE）主持經濟學部的羅賓斯（Lionel Robbins）教授，看到海耶克的〈儲蓄的「矛盾」〉一文，感動之餘立即邀請海耶克到該院作一系列演講，結果很轟動，乃在該年冬季聘請海耶克到該院任教，這讓海耶克的夢想成眞。

不過，經由這種變動，海耶克正在撰寫的「貨幣學」就無法完成，如上文所述，此時海耶克才完成從十七世紀講到十九世紀的前四章。當時的海耶克只能利用數週，將他往後準備撰寫的最原始部分寫成一個大綱，以備將來有機會再繼續完成。無奈兩年後，希特勒上臺，強迫出版商放棄這部貨幣學教科書的出版計畫，已完成的四章在一九九一年納入《海耶克全集》（*The Collected Works of F. A. Hayek*）中第三卷第九至十二章。

海耶克在一九三一年一月底到二月初，於倫敦大學政治經濟學院就「價格與生產」（Prices and Production）問題，發表了四場極受歡迎的演講，羅賓斯即聘他擔任客座教授一年，期滿後即正式聘他爲「托克經濟科學與統計學講座教授」（Took Professor of Economic Science and Statistics）。其實，在該次演講之前，海耶克也在凱因斯（J. M. Keynes）所控制的劍橋大學馬夏爾學會（Marshall Society）發表了一次演講。

那次演講吸引了很多學生，系裡重要的教師們也去聆聽，但當時凱因斯在倫敦沒有參與。聽衆們全部迷惑不解，通常在馬夏爾學會的演講會後，總是有一場激烈而漫長的討論與提問，但該場卻是鴉雀無聲，因爲海耶克和凱因斯的思維截然不同，劍橋大學的師生們不知從何問起，也無法討論。

海耶克在倫敦大學政治經濟學院演講後有好幾個月，羅賓斯讓他在政治經濟學院的學報《經濟學刊》（*Economica*）上出盡鋒頭。首先，一九三一年五月，羅賓斯剛接手《經濟學刊》的編務，就將海耶克的〈儲蓄的『矛盾』〉之譯文刊登在期刊的第一篇。接著於八月號，又將海耶克尖銳批評凱因斯《論貨幣》（*A Treatise on Money*）的文章登上第二篇。一九三一年十一月號上頭篇，是凱因斯回應海耶克在八月號上評論文的文章，緊接著是海耶克的反駁文。再下一期，一九三二年二月號，海耶克對凱因斯《論貨幣》評論的第二部分登在第二篇。在短短的一年多，海耶克的文章占滿了《經濟學刊》的主位。

羅賓斯爲何那麼欣賞海耶克？爲何要堅持聘請海耶克呢？這得從倫敦大學政治經濟學院的創立說起。該院是英國費邊社會主義創始人之一韋伯（Sidney Weber）在一八九五年建立的，他在當時鑒於倫敦地區大學教育相當缺乏，尤其在經濟方面更難因應日益嚴重的社會經濟問題之需要，乃決定創建這樣一所大學。

費邊社會主義是一種溫和漸進的社會主義，費邊則是古羅馬時代一位善用緩進待機戰術的將軍之名字，而名作家蕭伯納也是這種社會主義的創始者之一。韋伯的太太Beatrice是一位很活躍的費邊社會主義者，是韋伯的得力助手。

韋伯夫婦雖是社會主義者，辦校卻不受個人意識型態的限制，他們深信，有理性者在作實情研究後，都會成爲社會主義者，他們要創建的是一所不受個人主義所操控的經濟教學中心。韋伯希望經濟學可從不同角度進行教學，因而希望有多位經濟學教授，同時要學校教授公共行政，所以這所學院一開始就稱爲「政治與經濟學院」。其實，當時英國經濟學的教學是被劍橋大學馬夏爾（Alfred Marshall）教授壟斷，韋伯就是要打破這種局面。

起初，韋伯想請好友華拉斯（Graham Wallas）當院長，但華拉斯已有新職而婉拒，最後聘請牛津大學年僅三十歲的賀溫斯（W. A. S. Herwins）擔任，此人並非社會主義者。韋伯聘請了十一位教師，都是兼任的，院中政治學方面的教學由華拉斯主持，經濟學由牛津的肯南（Edwin Cannan）負責，韋伯則是院中行政委員會主席，韋伯太太也是委員會中的一員。

一八九八年《倫敦大學法案》（London University Act）通過，將本來只是考試機構的倫敦大學改組爲教育團體，其中設有一些學院。倫敦經濟學院在一九〇〇年被邀請加入，成爲其中一個組成單位，該院的正式名稱也就成爲倫敦大學政治經濟學院，簡稱倫敦經濟學院。原爲私人組織的該院，乃正式註冊爲財團法人，成立一個董事會管理其事，韋伯被任爲董事長，原來的行政委員會乃取消。一九一一年韋伯辭去董事長，轉任政治學教授。

三、倫敦經濟學院

一九一九年，韋伯想聘請凱因斯當院長被婉拒，乃轉聘貝弗里奇（William Beveridge）。貝弗里奇早年曾在政經學院就讀，之後參與新聞界，又被政府延攬成爲文官體系一員，曾在第一次大戰期間擔任糧食部常務次長。在其強大的組織和募款能力下，得到許多捐贈，特別是洛克斐勒基金會的援助最多，對學院的發展助益良多，不但贊助圖書館等諸多硬體建設，對新科系的成立、教師的延聘和研究經費的補助等也都卓有貢獻。

迄一九二〇年代後期和一九三〇年代初期，倫敦大學政治經濟學院的經濟學系正處於新舊交接時期，原先主持系務的肯南已於一九〇七年升爲教授，一九二六年退休。承蒙洛克斐勒基金會之協助，一九二七年聘請美國哈佛大學教授艾倫·楊（Allyn Young）繼任，冀望楊改革經濟學系，不料不到一年楊卻染肺炎去世。此後該系就開始盡可能聘請該系畢業生返校服務，而羅賓斯乃成爲接替楊的理想人選。

羅賓斯自倫敦大學政治經濟學院畢業後，曾於一九二五至一九二七年擔任助教和講師，之後獲牛津大學聘請爲該校新學院（New College）院士，但仍在政治經濟學院教課。一九二九年被母校聘請爲教授並主持經濟學系，年僅三十一歲，是英國最年輕教授。

就當時一般的了解，劍橋大學重理論探討、倫敦大學政治經濟學院則著重實務研究。羅賓斯亟欲改變此態勢，期望學院成爲理論中心，但不要成爲劍橋大學翻版。他覺得牛津和劍橋的視野過於狹隘，受制於馬夏爾的著作，他要讓倫敦大學政治經濟學院發展成爲全球理論中心，對各國的經濟思想有所研究了解。

羅賓斯在那時碰到凱因斯這個勁敵，一九三〇年夏天，凱因斯邀羅賓斯參與政府「經濟顧問委員會」（Economic Advisory Council）的「經濟學家小組」，負責對經濟不景氣提出對策。小組共有五位經濟學家，由凱因斯主持，歷經多次討論後，凱因斯認爲可用關稅保護和推行公共建設來解決失業問題。五人中有三人同意凱因斯提議，只有羅賓斯堅決反對，並表示除了由小組提出一份「多數報告」（Majority report）外，另由他自己一個人提出一份「少數報告」（Minority Report），但凱因斯不同意，在羅賓斯堅持下，以列爲附錄一併提出平息爭議。

經歷這番折衝，羅賓斯深深體認到勢單力薄，急切找尋志同道合者，就在此時讀到海耶克的〈儲蓄的「矛盾」〉，這篇批評一九二〇年代流行的「消費不足的經濟循環理論」文章，直有「深得我心」之感。

當時流行的理論，認爲蕭條之所以出現，是因儲蓄過多，這些儲蓄流往投資，因而消費品被生產出來，廠商的產能太大，消費者的購買力卻不足，於是市面上充斥消費品，物價大跌，經濟危機乃出現。解決之道需由政府增加支出、創造需求，如此政府財政赤字產生，必須由增印貨幣來支持。海耶克完全否定此種說法，他認爲其中完全忽視利率的變動足以協調消費，在經濟不景氣時，增加貨幣供給，只會延長不景氣的時間並加深不景氣程度。羅賓斯完全認同海耶克的說法，於是聘請海耶克到英國演講。

上文已將羅賓斯讓海耶克在英國學界嶄露頭角的經過作了簡介，最重要的是海耶克與凱因斯的筆戰。不過，海耶克不是自始就與凱因斯針鋒相對。在一九三一年八月評論《論貨幣》之前，海耶克視凱因斯爲英雄，因爲凱因斯在第一次世界大戰後所寫的《和平的經濟後果》（*Economic Consequences of the Peace*）在歐陸享有崇高聲譽，當時他在《曼徹斯特衛報》（*Manchester Guardian*）發表的系列文章，海耶克都先睹爲快，之後衍生而來的《貨幣改革論》（*Tract of Monetary Reform*）一書，海耶克更覺得論斷精闢。一九二九年在「倫敦與劍橋經濟服務社」召開的國際會議中，海耶克和凱因斯兩人都與會，海耶克才第一次見到仰慕已久的凱因斯，當然非常高興。不過，當討論到利率變動的有效性問題時，兩人就有不同看法，而凱因斯擺出長者姿態，且傲慢地教訓海耶克。此後兩人的見解就南轅北轍，如上文所提，在《經濟學刊》有過論戰。

經過這場論戰之後，海耶克在英國的學術地位水漲船高，羅賓斯塑造海耶克成爲偶像的如意算盤也就實現了，而倫敦大學政治經濟學院與劍橋大學之間關係也從此破裂，這恐怕不是海耶克由維也納欣然受聘至英倫時所能預料到的。

海耶克一九三一年九月到倫敦大學政治經濟學院正式任教時，該院已成立三十五年，正值新舊交替時刻。負責經濟部門的肯南教授已於一九二六年退休，負責政治部門的華拉斯更早在一九二三年退休，經濟部門由肯南培養出來的羅賓斯接任，於一九二九年上臺。

倫敦大學政治經濟學院的經濟部門，是世界上少數幾個闡揚古典自由主義傳統的學府之一。自第一次世界大戰以後，這種自由主義精神傳統幾近絕跡，之所以能在倫敦大學政治經濟學院留存，係因肯南的堅持，而且培養出一批傑出的學生接續香火。

當羅賓斯主掌經濟系時，只有四位教師，分別是葛雷哥列（T. E. Gregory）、普蘭特（Arnold Plant）、賓漢（Frederic Benham），以及希克斯（J. R. Hicks），希克斯和普蘭特兩人較傑出。普蘭特是肯南的學生，是一位古典自由主義者，當時是商業教授。倫敦大學政治經濟學院的學生泰半是半工半讀，想學的都偏向實用方面的課，因而系裡也開了一些這類課程，商業教授就在此種需求下出現。普蘭特是一位很優秀的老師，培育出多位傑出人才，一九九一年諾貝爾經濟學獎得主寇斯（Ronald Coase）就是其中一位。

希克斯畢業於牛津大學，一九二六年到倫敦大學政治經濟學院擔任助教，一九二九年升爲講師，一九三五年轉往劍橋大學當研究員，之後又回牛津大學擔任教授，他在一九七二年成爲英國第一位獲得諾貝爾經濟學獎者。希克斯主要是因《價值與資本》（*Value and Capital*）這本書，對經濟理論的卓越貢獻而獲獎，而該書係依他在一九三〇至一九三五年於倫敦大學政治經濟學院服務時的構思，書中概念是當時許多同仁在羅賓斯領導下相互討論形成的。

在羅賓斯主掌經濟系後，網羅了不少優秀學者任教，海耶克就是其中之一。當時有四位年輕教師，分別是寇斯（Ronald Coase）、路易士（Arthur Lewis）、卡爾多（Nicholas Kaldor），以及勒納（Abba Lerner）。

寇斯是普蘭特的學生，深受普蘭特影響，使他相信人不能明瞭各種行爲，除非親眼見到且切實接觸到眞相。寇斯畢業後留校服務（一九三五至一九五七年），之後赴美發展，最後任教芝加哥大學，其廠商的本質、交易成本、社會成本的問題等膾炙人口，「寇斯定理」（Coase Theorem）更傳頌千古。

路易士在倫敦大學政治經濟學院進修時，普蘭特也是他的主要導師，除了感謝普蘭特對他的提攜外，也感佩海耶克。當一九四五年海耶克代理系主任時，曾要他教一門不熟悉的課，正在遲疑不決時，海耶克以「要學習一門課程最好的方法是去教這門課」鼓勵他。路易士畢業後曾於一九三八至一九四八年擔任倫敦大學政治經濟學院講師，一九六三年赴美國普林斯頓大學任教，一九七九年獲頒諾貝爾經濟學獎，係首位獲獎的黑人。

卡爾多自一九二七年起在倫敦大學政治經濟學院攻讀，到一九三二年畢業即留校擔任助教，隔年升爲講師。起初卡爾多受羅賓斯和海耶克很大影響，並且是海耶克早年德文論著的英譯者之一，因而兩人的關係密切，但後來變了調，卡爾多轉向凱因斯思想。一九四八年轉赴劍橋大學服務，並且成爲國王學院的院士，最後更成爲後凱因斯學派的臺柱之一。

勒納原先也是海耶克信徒，後來也轉向凱因斯，最後成爲社會主義者，主張運用價格變動來調節資源的配置以增進效率，與朗格（Oskar Lange）成爲市場社會主義的創始者，但他與海耶克一直保持良好關係。一九三五年擔任倫敦大學政治經濟學院助理講師，一九三七年獲洛克斐勒獎助學金赴美講學，之後就一直留在美國，曾在多所大學任教。一九四四年著作的《控制經濟學》（*Economics of Control*），是很有名的一本市場社會主義作品。

這些學者都是海耶克到倫敦大學政治經濟學院服務時的學術夥伴，而海耶克在政治經濟學院的學術生活是講學和著述。他在政治經濟學院十七年（一九三二至一九四九）期間，教過價值理論（Theory of Value）、通貨原理（Principles of Currency）、產業波動（Industry Fluctuations）、集體主義經濟體的問題（Problems of a Collectivist Economy）等課程，最重要的是參與羅賓斯開授的「研討課」（Seminar），他是名義上共同主持人。

這個研討課是每週一次的座談，參與者中高年級學生三、四十人、年輕教師六、七人，有時候還有國際知名學者參加，如米塞斯、哈勃勒、馬哈祿普等從維也納來，范納（J. Viner）、奈特（F. Knight）從芝加哥來，歐林（B. Ohlin，一九七七年諾貝爾經濟學獎得主之一）從瑞典來，弗瑞希（R. Frisch，一九六九年第一屆諾貝爾經濟學獎得主之一）從挪威來。由這些全球頂尖學者都來參加，可知這個研討課的素質非常之高，是倫敦大學政治經濟學院經濟學術活動的中心。

一九三〇年代早期，經濟學術的主要論題都是標準新古典經濟學或個體經濟理論上的問題。海耶克參加的主要是貨幣與資本方面的問題，他表示印象最深刻的是希克斯提出的理論問題，討論得很熱烈，最後促成希克斯《價值與資本》這本名書的出現。海耶克回憶戰前在倫敦的生活，感慨地表示，確定永遠不可能再有機會讓他對理論經濟學上的一些技術性的細節，會發生同樣熱烈的興趣，或許也永遠不可能再與一群志趣相投的第一流人士，從與他們的討論中獲得同樣的利益。海耶克特別提到這門研討課，使他學到的經濟學比其他機會都還要多，也正因爲如此，海耶克在一九三八年正式入籍英國，終其一生都未改。

第二次世界大戰爆發之後，倫敦大學政治經濟學院在一九三九年秋天遷到劍橋。這個時候，海耶克和凱因斯的個人關係很密切，在找到房子前，凱因斯幫他在國王學院找到安身處所，海耶克的家屬則暫時與羅賓斯一家同住，一年之後才找到可以容納全家的住所。

大戰期間，許多教師都被徵召到政府機關任職，海耶克也曾向政府表示願意在對德國宣傳方面做點事。不過，雖然海耶克已入籍英國，但因原籍奧地利是敵國而未能如願。也因爲如此，當時政治經濟學院經濟系只有海耶克一位教授，還有二位年輕助教，海耶克順理成章成爲經濟學系代理主任。

這段期間課程輕，而劍橋社區小，各處往返便利，海耶克乃有大量自由時間可用，他先提前結束對資本理論的研究，隨即進行另一本性質完全不同書籍的撰寫。海耶克在一九三九年就看到英國一般知識分子認爲希特勒的國家社會主義，是資本主義反對社會主義的一種型態，它不是社會主義，海耶克認爲這是錯誤且危險，必須及時予以糾正。

一九四一年，倫敦大學政治經濟學院賦予海耶克科學博士學位，並要他在一九四一至一九四四年間代理《經濟學刊》的編輯。海耶克連續寫了六篇與其要寫的新書性質相近之論文，刊於《經濟學刊》上。這些論文蒐集在他的《科學的反革命》（*Counter-Revolution of Science*）一書中。海耶克同時也撰寫新書，這就是一九四四年出版的《到奴役之路》（*The Road to Serfdom*）。甫一出版立即引起各界注意，該書在美國出版時更是轟動，海耶克一時之間名聞全球。美國出版該書的芝加哥大學出版社，邀海耶克於一九四五年三月到五月，到美國作五週的巡迴演講。這一次的演講旅程中，海耶克遇到諸多思想相近的人士，埋下了海耶克在一九四七年籌組蒙貝勒蘭學會（the Mont Pelerin Society），以及在一九五〇年赴美國任教的種子。

海耶克雖然入籍英國，且在英國生活得愜意，小孩也都在英國長大，但在一九四九年十二月二十七日卻離英赴美，究竟發生了什麼事？除了他的《到奴役之路》受到美國讀者熱烈捧場並熟識不少同道外，是因海耶克的家庭發生變故，他要和其夫人離婚。

話說海耶克原本與遠房表妹海倫（Helene）青梅竹馬，一起長大，早已滋生情愫，且已到論及婚嫁時刻，但在海耶克一九二三年初次赴美進修時，海倫以爲他不樂意與她結婚，就在這一年多期間，跟別的男人好上了。海耶克返回維也納後，就跟赫拉（Hella）這位長得很像海倫的女子結婚，並生了兩個孩子——一九二九年出生的克莉絲汀‧瑪莉亞‧費莉西塔斯（Christine Maria Flicitas）和一九三四年出生的勞倫斯‧喬瑟夫‧亨里奇（Laurence Joseph Heinrich），兩人分別是生物昆蟲學家和病理學家。

海耶克和海倫的第一次婚姻都不幸福，而兩個人雖各自結了婚，但仍保持著密切聯繫，早在一九三〇年代就已考慮各自離婚的事。由於第二次世界大戰，從一九三九到一九四六年，海耶克有七年多沒見過海倫，戰後海耶克首次回奧地利探望仍留在當地的家人，在途中巧遇表兄大哲學家維根斯坦，他告訴海耶克，海倫仍自由，可再跟她結婚。這時海耶克就決定不論對他及家人會帶來多少的痛苦，都要設法和其妻子離婚。不過，離婚並不簡單，首先就碰到經濟負擔大問題。他之所以在芝加哥大學爭取薪水較高的社會思想委員會（Committee on Social Thought）職位，很大的原因是收入可以同時供養在倫敦的家人和維持他與海倫在美國的生活。

一九四五年春天在美國作《到奴役之路》的巡迴演講後，海耶克於一九四六年再到美國，在芝加哥大學待一個月，在史丹佛大學待一個月，還到墨西哥一趟。一九四六年，海耶克抽空回維也納探望老家的人。一九四七年，海耶克到瑞士的蒙貝勒蘭，一九四八年春天待在芝加哥大學，夏天則在維也納大學度過。

二次大戰後，海耶克決定離開英國到美國去，起先打算在愛因斯坦（Albert Einstein）所在的普林斯頓高等研究所（Institute for Advanced Studies）謀個職位，但該所並不接納薪水由別的機構個別捐助者。當時范納就在普林斯頓大學任教。

一九四八年十一月，海耶克寫信給芝加哥大學社會思想委員會主席約翰・內夫（John Nef），表示接受該委員會的教職，並說他希望在一九四九年秋天到任，由於海耶克在英國跟第一任妻子赫拉辦不了離婚手續，只能到美國來辦。

四、離英赴美

一九四九年十二月二十七日，海耶克告別了倫敦、第一任妻子和孩子們，飛到紐約參加一九四九年十二月二十九日至一九五〇年一月二日在那裡舉行的美國經濟學會（AEA）年會。在那裡，海耶克將一張便條紙塞進阿肯色大學經濟與商學系主任哈羅德．杜蘭（Harold Dolan）門下，詢問該系是否能聘他爲客座教授。或許因爲阿肯色州的離婚法較寬鬆，海耶克想在該州辦離婚，乃有此試探，而杜蘭主任應允。於是海耶克在冬季學期任教於芝加哥大學，春季則赴阿肯色大學擔任客座教授。

一九五〇年七月十三日，海耶克終於在阿肯色州華盛頓郡辦完了離婚手續，然後他回維也納與海倫結婚，隨即在秋季學期開學前趕回芝加哥。離婚的過程是很痛苦的，赫拉．海耶克反對離婚，而海耶克則堅決要離婚，這使海耶克在英國的最後一年半處於高度緊繃狀態。一九五〇年二月，海耶克寫信向倫敦大學政治經濟學院辭職，就決定不會再回來了。

在美國的一九五〇年代期間，海耶克很少探望兩個孩子，他倆都跟母親留在英國。海耶克的女兒記得，她的父親在一九五〇年代曾帶她到義大利和法國玩過一、兩次。海耶克的兒子，也記得跟父親旅遊過。一九五〇年海耶克離婚時，他的兒子十五歲，女兒則是二十歲。

海耶克到芝加哥大學任職，爲何沒在經濟系而在社會思想委員會，究竟是被經濟系拒絕，還是海耶克的本意，或是有其他的因素，也頗耐人尋味。不論如何，海耶克與芝加哥大學的聯繫，早在一九三〇年代就開始了。當時羅賓斯很推崇奈特的《風險、不確定性與利潤》一書，也對范納的著作有濃厚興趣。奈特和范納都曾在一九三〇年代於倫敦大學政治經濟學院講過課，並參加過海耶克和羅賓斯主持的研討課，所以海耶克和他們都建立私人關係。

著名的芝加哥經濟學派，被公認的創始者是奈特。弗利曼（Milton Friedman，一九七六年諾貝爾經濟學獎得主）、喬治・史蒂格勒（George Stigler，一九八二年諾貝爾經濟學獎得主）、亨利・西蒙斯（Henry Simons）、艾隆・達瑞克特（Aaron Director）等學者，都是奈特的學生或深受他的影響。范納是一九二〇年代到一九四〇年代中期，活躍在芝加哥的另一位著名經濟學家，和這些學者們撐起了全球響噹噹的芝加哥經濟學派。

海耶克最初的確想在芝加哥大學經濟學系謀教職，但系方一直懸而未決，後來轉而接受該大學社會思想委員會的聘請。該委員會主席約翰・內夫在其自傳中，對一九五〇年聘請海耶克，這樣寫著：「我到英國時，在倫敦拜訪了艾略特（T. S. Eliot）和海耶克，使我得以聘請這兩位重要人物到社會思想委員會。海耶克接受了終身教授職位，注定得待差不多十五年。經濟系對社會思想委員會聘請他表示歡迎，但這些經濟學者們卻在四年前反對經濟系聘請他，主因是他們覺得《到奴役之路》太通俗了，不是令人尊敬的學者應該寫的東西。經濟學者們覺得，只要人家不把海耶克和他們想成一道，讓他到芝加哥大學來，他們覺得無傷。」

不過，弗利曼不認為是因為《到奴役之路》一書，致使海耶克沒能得到芝加哥大學經濟系教職，他認為是有兩個原因：一是他們強烈地主張應挑選自己中意的人，而不是由學校管理當局提出的人選，他們對學校推舉的任何人都會投反對票。二是他們不贊成海耶克的經濟學，他們不會選中《價格與生產》這本書的作者來充實他們的團隊。至於《到奴役之路》，弗利曼認為根本沒關係，因為從意識型態角度看，系裡大多數人都是海耶克的同道，都有明顯的自由市場色彩，所以《到奴役之路》只會給海耶克加分。弗利曼很肯定地說，他們拒絕海耶克的主要理由是，他們既不想讓資助者篡奪了自己的決定權，也不想讓校方決定他們的人事，何況海耶克又不是他們想選擇的人。

其實，當時芝加哥經濟學系人事委員會的主席泰德．舒茲（Ted Schultz），其基本理念與海耶克完全相同，而且他是一個行事極為公正的人，非常推崇海耶克。所以，海耶克擁護自由市場這一點，根本不是系裡拒絕海耶克的理由。

在一九四〇年代後期，一般人不認為海耶克是一個大人物，經濟學界的學者尤其如此，但後來海耶克發表了多部重要著作，人們回過頭來才察覺，海耶克是更廣泛的社會思想領域的偉大人物。當時，《到奴役之路》被認為基本上是一本通俗作品，尤其在美國，人們認為在專業經濟學領域，海耶克脫離了常規，完全屬於邊緣化人物，他在一九四一年出版的《純粹資本理論》乏人問津。海耶克確實是在從事政治理論、認識論、社會科學方法學、心理學等方面的研究，已經不是活躍的專業經濟學家，他自己也是這麼的認為，他已經跳脫專業經濟學家了。

海耶克自己對去芝加哥大學經濟系有所回憶，他認為自己並沒有花太大精力去爭取，他覺得經濟系的朋友作了不少努力，但他覺得他們受到計量經濟學家們的阻撓，而他從來對總體經濟學和計量經濟學沒好感，他被認為過時了，不能接受他們那類新觀念。

海耶克是由伏爾克基金會（Volker Fund）資助赴芝加哥的，是內夫、達瑞克特、西蒙斯等人勸說這家保守的小基金會支付海耶克部分薪水的。弗利曼是經濟系中和海耶克最契合的，兩人來往非常密切，後來也跟史蒂格勒熟稔。在系裡，計量經濟學家們在數量上占上風，而海耶克也只跟奈特和他的那個圈子往來。

其實，海耶克之所以想在社會思想委員會獲得職位，部分原因是教了二十多年經濟學後有點厭倦了，已經對當經濟學家無趣了，對於經濟學的發展方向也覺得格格不入。如今不用再教經濟學了，也就鬆了一口氣，而且不必擔任行政管理責任，輕鬆許多，他在倫敦大學政治經濟學院最後幾年就是從事行政工作。

海耶克非常相信觀念的力量，他在人生的最後五十年，選擇政治和社會哲學，放棄專業經濟學理論研究，反映出其成熟信念；前者較後者重要，且包容了後者。海耶克自己承認其最後幾十年中，他已經不是經濟學家，在《到奴役之路》發表後，他在經濟學界已經聲名狼藉了。

在芝加哥大學，離了婚又再婚的海耶克，終於能與心愛的人廝守在一起，心情也輕鬆了，他很高興地說：「從一個專門研究社會科學的學院狹隘氣氛中，回到了那種綜合性大學的氛圍中。教員俱樂部稱爲『四方院俱樂部』（Quadrangle Club），很有吸引力。坐在你對面的，今天是歷史學家、明天是物理學家、後天是生物學家。事實上，我不知道還有哪一所大學像芝加哥大學那樣，不同學科的學者之間有那麼密切的交流。」

五、芝加哥大學社會思想委員會

回過頭來談談芝加哥大學社會思想委員會，爲何這個委員會會成立？一九四○年代芝加哥大學校長羅伯特・赫欽斯（Robert Hutchins）是美國大學校長中最有聲譽者之一，他對美國高等教育的發展有許多眞知灼見，其中之一就是爲大學畢業生創立一個跨越科系的研究機構。最初爲此設立一個文明委員會（Committee on Civilization），後來才改爲社會思想委員會。在一九四六至一九六四年間由約翰・內夫（John Nef）主持，他用太太的財產資助這一機構的大部分經費，並設法聘請一流的各科學者八、九名來任教，招收不超過三十名的研究生，來自人文學、自然科學與社會科學等領域。如此的師生比例，可以增加師生間的接觸。當一九五○年海耶克以「社會與道德科學教授」（Professor of Social and Moral Science）的名義應聘時，是該委員會蓬勃發展時刻。

已故的中央研究院院士邢慕寰教授於一九四五至一九四六年到芝加哥大學進修，

正巧遇到海耶克一九四六年春季至委員會任教，抱著好奇心理前往旁聽了幾次，而林毓生先生則是正式到該會攻讀的臺灣學生，海耶克就是他的恩師。他在一九九八年出版的《熱烈與冷靜》一書第四頁中這樣寫著：

「學生到達委員會以後，不久即需與各位師長商定『基本課程』的書單。這個書單通常包括十五、十六部原典。學生們的書單彼此可以不盡相同，但大致都是從柏拉圖的《理想國》以降，大家公認西方文明的典籍中選出的；同時，也可加入幾部自己特別希望精讀的非西方文明的典籍。

另外，系裡還有一項帶有『知識貴族』氣息，與眾不同的規定：書單不可包括自己將來專業領域之內的經典著作。因爲自己領域中的典籍，系裡已經假定早晚是要精通的，而且會有自己系統的闡釋，故無需在『基本課程』中接受指導。另外一個理由是，培育青年學子原創能力的主要途徑之一，不是使他（她）儘早變成一個對幾件事情知道很多的學者，而是使他（她）能夠在學術生涯的形成時期（做研究生的頭幾年），產生開闊的視野與深邃的探究能力。這種視野與能力的培養不是一開始就讓他（她）侷限在本行的專業之內所能達到的，而需要他（她）切實進入與他（她）的專業沒有直接相關的經典著作之內。這樣，一方面他（她）因接觸到了展現『深邃』的具體實例，可以體會到所謂『深邃的探究能力』究竟是怎麼一回事；另一方面，由於已經眞正進入過與他（她）的專業沒有直接相關的典籍之內，其視野會很自然地超越他（她）的專業領域，變得開闊而不是泛泛要求如此而已。」

由林毓生的描述，可知社會思想委員會的特殊性質，正與海耶克當時將研究範疇伸向社會、政治、哲學方面不謀而合。如上文所言，海耶克相信思想與觀念能發揮巨大力量，認爲眞正統治世界的是觀念。雖然海耶克仍然認爲自己主要是一位經濟學家，但他深切地感受到，他們那一時代許多迫切的社會問題之解答，最後都只有從超越專業經濟學或任何其他單一學科範疇的原理體認中才能獲得。海耶克認爲，物理學家如果只是一位單純的物理學家，仍可能成爲一流的物理學家，並受到推崇，但是沒有一位單純的經濟學家，能成爲偉大的經濟學家。他甚至認爲，一個只是單純的經濟學家，就算沒有變成一個眞正的危險分子，也可能會成爲社會上一個被人討厭的人物。

芝加哥大學是想成爲從事跨科系廣博研究的理想所在，它是一所包括各學科的綜合性大學，與倫敦大學政治經濟學院截然不同，如上文所言，海耶克非常滿意這個環境。他回憶在芝加哥大學的第一次討論課，覺得是他所舉行過最令人興奮的一次。討論的主題是自然科學研究之方法與社會科學研究方法之關係，在場者有與原子彈製造關係密切的義大利最重要的物理學家佛米（Errico Fermi）、遺傳學偉大的創始者萊特（Sewell Wright），以及幾位物理學家。那是一場全部是教師的討論課，在座的都是自然與社會科學方面最傑出的人士，海耶克說那是第一次，也是唯一一次能將那樣優秀的一群人聚集在一起，而且也不可能再有那麼好的論題。

海耶克在芝加哥大學舉行研討課的教室，最多只能坐二十五人，參加的教師不少，如奈特、弗利曼、內夫、葛林（David Grene）等人就時常參加，因而有時學生只能坐在地板上。海耶克在課堂所談的大部分是政治哲學，包括「自由的傳統」、「正義與平等」、「經濟計算」、「科學方法與社會研究」、「社會與政治思想」、「莎士比亞晚年的戲劇」、「社會理論導論」、「英國洛克（John Locke）與伯克（Edmund Burke）的社會思想」、「福利國家的分析」等。

在芝加哥大學任教期間，海耶克完成了一些跨越經濟學的著作。一九五一年寫了《彌爾與泰勒的友誼以及後來的結婚》（*John Stuart Mill and Harriet Taylor: Their Friendship and Subsequent Marriage*），書中探究彌爾夫人（Harriet）使彌爾的思想趨向社會主義這個觀念。一九五二年出版《科學的反革命》（*The Counter-Revolution of Science*），同年也寫了《感官秩序》（*The Sensory Order*）。一九五四年編了《資本主義與歷史學家》（*Capitalism and the Historians*）一書。在此期間完成的最重要一本書，無疑是一九六〇年出版的《自由的憲章（經緯）》（*The Constitution of Liberty*），這是一本重新詮釋自由哲學基本原理的巨著。

一九六二年，海耶克開始擔心芝加哥大學職位的老年待遇是否足夠維持夫妻兩人的老年生活，退休金是屆滿六十五歲退休年齡一次給付的，雖然他很喜歡芝加哥大學的學術環境，但從沒有像在英國時有賓至如歸的感覺。就在他擔心之際，海耶克意外接到德國柏萊斯高（Brecsgau）佛萊堡大學（University of Freiburg，Frei的德文意思是「自由」，因此也有譯爲自由堡大學）的教授聘書，不但可以使海耶克延長三年的服務時間，而且可以獲得一筆相當優渥的終身養老金，海耶克也就毫不猶豫的接受了，也就這樣離開了任教十二年的芝加哥大學，回到闊別三十年的德語國家，海耶克雖然在一九四六年曾回維也納，但停留時間很短。

六、離美赴德

一九六二年五月二十四日，個人主義者大學校際協會在芝加哥大學四方院俱樂部爲海耶克和海倫舉行了一場出乎他們意料的答謝晚宴。學生騙海耶克說，只是邀請他和他們一起吃一頓晚飯。海耶克的老朋友馬哈祿普特地從普林斯頓大學趕來充當節目主持人，弗利曼和史蒂格勒都發言讚頌海耶克，當時在紐約大學任教的米塞斯也寄來書面賀詞，海耶克即席答謝說，在芝加哥大學的十二年非常重要，能順著自己的志趣做自己想做的事，使他得以將研究範圍擴展到更廣的社會研究領域。

海耶克在美國的十二年間，除在芝加哥大學任教外，還曾在阿肯色大學任職一學季，也在一九五二至一九五三年赴哈佛大學擔任一年政治經濟學講師，一九六一年還到維吉尼亞大學任教一學期。返歐後，又曾再赴加州大學洛杉磯分校擔任一年客座教授。

佛萊堡是在德國的西南部，離法國和瑞士各二十英里，人口約二十萬，係一中型城市。佛萊堡大學是德國第三間古老的大學，海耶克是以政治經濟學教授受聘。他在就職講詞「經濟、科學與政治」（The Economy, Science and Politics）中，開頭就說：「我不知要感激哪一顆幸運星，因爲我一生中第三次榮幸地獲得教授職位。如果教授職位是可以絕對自由選擇的話，它正是我所要選擇的。這不但是由於這次遷移到了一個位居歐洲中心地帶的地方，它也處於兩個培育我學術素養的城市——維也納與倫敦中間，而且由於它在幾百年前還是屬於奧匈帝國，這對於一個在新大陸住了十二年後的我，就好像是回到我的家鄉——雖然我與佛萊堡的關係還只能以天數來計算。同時我還要特別珍視這次機會，使我又能在法學院中授課。我就是在這種氣氛中接受教育的。過去三十年我都是對於沒有法律知識或不知法制歷史的學生講授經濟學，現在我不免要懷疑將法學與經濟學的研究完全分離，是不是一種錯誤。」

海耶克的感受是基於他親歷德、奧和英、美大學教育的差異。在前者，經濟學都是在法學院中講授的；而在後者中，則是分屬於兩個不同的學院。

自從回到德語世界後，海耶克的研究重點發生了變化，他又再成爲經濟學家，教學內容偏重經濟政策問題，同時他也負起教學任務。除了主持一般課程與研討課外，海耶克還擔負輔導學生的工作，希望在有生之年將經驗的果實傳授下去。

在佛萊堡任教期間，海耶克寫了一篇著名的文章〈競爭是一種發現程序〉

（Competition is a Discovery Procedure），對於競爭理論有重大的原則性貢獻。此外，海耶克也對當時世界日益嚴重的通貨膨脹問題寫了數篇論文，同時對於其日後的另一部重要著作《法律、立法與自由》（*Law, Legislation and Liberty*），寫了一些相關的論文。這些都編入海耶克的《哲學、政治學和經濟學的研究》（*Studies on Philosophy, Political and Economics*）中。

海耶克在佛萊堡的七年間有著非常滿意的豐富收穫，他很幸運地找到一間非常舒適的公寓，在校區，但離市中心不遠，四周環境瑰麗，不時都能欣賞到他最喜愛的阿爾卑斯山（Alps）的黑森林（Black Forest）景色，使他心曠神怡。在這段期間，海耶克的身體健康，工作能力充沛，餘暇時能偕其夫人遠赴日本、臺灣、印尼與雪梨等地演講、旅行，增添其生活樂趣。

在佛萊堡大學任教時，海耶克曾獲其祖國之徵詢可否擔任奧地利國家銀行（Austrian National Bank）總裁，但他以尚有其他重要著作待完成而回絕。

七、奧地利沙斯堡大學的日子

一九六九年，年屆七十歲的海耶克自佛萊堡大學退休，被聘爲名譽教授，隨即接受沙斯堡大學（University of Salzburg）客座教授聘約。那是一所當時奧地利最新成立的大學，規模不大，學生約六十四人。此時海耶克才眞正回到闊別將近四十年的祖國，雖然海耶克的身體已逐漸衰弱，還是勉力爲之。他的就職講詞題目是「營造主義的錯誤」（The Errors of Constructivism），對於這個自創名詞，海耶克詮釋說：「由於人曾自己創造社會制度與文明，他必定也能照己意來改變它們，以滿足他們的慾望與意願。」海耶克用這一個概念來顯示「社會工程」（Social Engineering）和福利國家主義（Welfare Statism）的錯誤。

海耶克之所以移居沙斯堡，跟他早年去芝加哥大學，後來到佛萊堡大學一樣，都是出於經濟的考量，而沙斯堡也比佛萊堡離維也納近一些。沙斯堡大學購買了海耶克珍藏的七千冊藏書，在沙斯堡就可繼續利用這些寶書。在一九七四年獲頒諾貝爾經濟學獎之前，海耶克在經濟上有點捉襟見肘，他曾羨慕凱因斯的生財有道。其實，以海耶克的學術生涯和成就，他應當享有更大的財力，但他卻不善於理財。

沙斯堡比佛萊堡更優美，也更古雅，自羅馬時代以來就有人居住，因爲附近有鹽礦（salz的德文意思就是「鹽」）。莫札特就是出生在沙斯堡，佛蘭茲·喬瑟夫皇帝（Emperor Franz Josef）曾在此建造狩獵別墅，在第二次世界大戰中受到嚴重的破壞，後來才又恢復。

沙斯堡大學沒有佛萊堡大學有名，校園分散在好幾個地方，據海耶克的研究助理說，海耶克一九六九到一九七七年的沙斯堡生活歲月，過得有點不如意。部分因爲健康不佳，也因爲沙斯堡大學經濟系規模很小，只有幾位教授和四名講師，教員和學生素質都沒能達到海耶克的期望。在獲得諾貝爾獎之前的一九七四年夏天，海耶克接受專訪時表示，在他剛到沙斯堡時，沒人知道他的研究和著作，幾年後除少數幾個上他課的學生外，也沒多少人對他有興趣。

海耶克在沙斯堡幾乎沒有什麼朋友，在思想上頗爲孤寂。一九七六年海耶克在《法律、立法與自由》第二卷前言中寫道，他修改該書過程中，在沙斯堡沒法像寫初稿時那麼方便從圖書館查到所要的資料。一九七七年二月，海耶克寄給出版社編輯的信中，說明了他想離開沙斯堡的原因，承認他到沙斯堡僅僅幾個月後就有了疑慮，而一份「大學教授必須將任何到外國的旅行知會聯邦部長」的公告，更讓他想到過去的部長政令公告，讓他的疑慮更深。此外，沙斯堡大學社會科學領域沒有授予博士學位的資格，因而那裡的學生沒有認眞研究經濟學。因此，海耶克承認轉到沙斯堡大學實在是一個錯誤選擇。

對海耶克而言，一九七〇年代初期是最糟糕的時期，除了自己的身體狀況變差外，通貨膨脹在當時肆虐整個西方世界，美國實施工資和價格管制，英國瀕臨社會、經濟崩潰邊緣。反文化運動如火如荼，蘇聯的全球地位無人可擋地提升，開發中國家起而反抗前殖民地統治者的生活習慣和制度。

海耶克在生命的最後三分之一歲月回到德語世界，由於天天說德語，影響了他的英語寫作風格，句子太長了，這在《法律、立法與自由》書中特別明顯。一九七一年海耶克參加維也納大學慶祝孟格《國民經濟學原理》發表一百週年研討會，在其提交的論文中宣稱，已經不再存在一個自成門派的奧地利學派，但仍存在一種獨具特色的奧地利傳統。海耶克在談到一九七四年以前自己做的研究時提到，幾乎有五年的時間他都無法思考任何問題，或者說不能做任何原創性的研究，只能做些別的事，例如：為義大利的一本百科全書寫有關自由主義歷史的條目，這些工作只是在重複他以前的知識。但因記憶衰退，竟出現很多非常嚴重的錯誤，在寫自由主義思想史時竟漏掉了阿克頓勳爵（Lord Acton），對海耶克來說，這是太荒唐的事，因為阿克頓勳爵一直是他最敬佩的人物之一，竟然會漏寫。

一九七二年，倫敦經濟事務研究所（The Institute of Economic Affairs, IEA）出版了由蘇德哈·希諾依（Sudha Shenoy）編輯的《一隻老虎的尾巴：凱因斯的通貨膨脹遺產》（*A Tiger by the Tail : The Keynesian Legacy of Inflation*），其中編纂了海耶克過去對這個問題發表的論文，引起了普遍重視，海耶克再度重現於大眾思想舞臺。

海耶克在一九六九年於委內瑞拉首府卡拉卡斯舉行的蒙貝勒蘭學會會議上，曾說：「二十年前，我對貨幣問題失去興趣，因為布列敦森林制度（Bretton Woods System）讓我徹底失望。我曾預言，這一安排很快會失敗，但我錯了。它的主要創新處在於，把恢復國際收入平衡的責任強加於債權國。這在通貨緊縮的三〇年代是合情合理的，但在通貨膨脹時期就不合理了。現在我們享受著通貨膨脹所催生的繁榮，這種繁榮要持續下去，得製造更多的通貨膨脹。如果價格的上漲趕不上人們的預期，就會對經濟產生抑制效應。我曾預期，只需要十年時間，我們就會陷入無法克服的困境，不過，事實是我們花了二十五年的時間才達到這一階段，抑制通貨膨脹的措施導致了經濟衰退。現在我們的處境像是抓住一隻老虎（通貨膨脹）的尾巴似的艱困。如果鬆開手通貨膨脹這隻老虎會吃掉我們，如果繼續抓住尾巴不放，老虎愈跑愈快，我們會疲於奔命終而被拖死。這次的通貨膨脹會拖多久呢？我很高興，在我有生之年恐怕是遇不上了！」

這本《一隻老虎的尾巴：凱因斯的通貨膨脹遺產》重新將海耶克推向英國和歐洲大衆眼前，很多媒體和學術刊物都發表書評。此書所產生的廣泛影響，在很大程度上幫助海耶克榮獲一九七四年諾貝爾經濟學獎，而馬哈祿普是提名海耶克者之一。

值得在此一提的是，由於對民主理念的誤解，自由社會的自由目標有趨向崩解的危險，海耶克乃於一九七三年提出一個驚人的建議，要對民主制度加以改革重建。那一年他作了一場題目爲「經濟自由與代議政府」（Economic Freedom and Representative Government）的演講，他首次批評民主制度主要想達到它的平等目的，並建議一個相當不正統的憲法模型來限制政府的權力，當時曾引起一般國家至上主義者之激烈反駁。

海耶克認爲民主制度中，同一代議機構同時肩負建立規則與指導政府的雙重任務，必會使自由社會逐漸走向由少數利益集團所操控的極權制度之趨勢。海耶克於是提出一種民主社會權力分立的新觀念，後來引導公共選擇（Public Choice）學派興起。這種憲法模型是海耶克自稱的二大發明之一，另一發明是一九七七年對於貨幣政策的意見，而海耶克自認爲有一大發現，那就是知識分工與自發秩序的概念，這些下文另闢章節討論。

在一九七三年，海耶克的《法律、立法與自由》一書第一卷《規則與秩序》（*Rules and Order*）出版了，隔年他意外獲得諾貝爾經濟學獎。一九七四年海耶克生日時，沙斯堡大學頒贈榮譽博士學位。獲得諾貝爾獎爲海耶克帶來高名聲，已故的前英國首相佘契爾夫人成爲海耶克的信徒，在一九八〇年代與美國總統雷根攜手實施小政府的自由經濟體制，而因佘契爾夫人的認可，又讓海耶克的名聲臻於高峰。

一九七六年，海耶克出版《法律、立法與自由》的第二卷《社會正義的幻象》（*Mirage of Social Justice*）。一九七七年，海耶克決定返回佛萊堡大學當駐校榮譽退休教授。同年他寫出了《貨幣非國家化》（*Denationalization of Money*）這一個發明，一九七九年海耶克終於完成了《法律、立法與自由》的最後一卷《自由人民的政治秩序》（*The Political Order of a Free People*）。這部書歷經十年才完成，其間海耶克還擔心來不及完成就去世，現在總算出版了，他不勝欣慰。

海耶克在一九四三年就獲選爲英國學院院士（Fellow of British Academy），一九八四年六月，海耶克剛過完生日，英國女皇頒給他"Companion of Honour"（簡稱CH）勳銜，這項榮譽在等級上較爵士（Sir）還高一層，得此殊榮者准與皇室坐而論道。

在一九七〇年代後期，海耶克想與社會主義思想家來一次公開論辯，要在巴黎組織這樣一次大會，將當時左翼知識分子和他的自由主義同仁聚在一起討論。爲了這場他自稱爲「巴黎挑戰」（Paris Challenge）的論壇，海耶克寫了十二個要討論的題目，共寫了一千二百頁草稿，結果會議沒辦成。他的同仁們希望海耶克將草稿濃縮成一本小冊子，作爲自由市場論據的宣言，這就是一九八八年出版的《不要命的自負：社會主義的謬誤》（*The Fatal Conceit: The Error of Socialism*），也是海耶克的最後一本著作。

一九九一年十一月十八日，前美國總統小布希頒贈「總統自由獎章」（The Presidential Medal of Freedom）給九十二歲高齡的海耶克，雖然海耶克因病由兒子代表接受，但他卻將這項晚到的榮譽視爲一生的定評而高興不已。

一九九二年三月二十三日，海耶克這位二十世紀的不朽哲人病逝於德國佛萊堡，後移葬於其故鄉維也納，享年九十三歲。在他有生之年，親見東歐變天、蘇聯瓦解、中國走上自由經濟之路，正是他一貫堅守的正道終獲印證，可說含笑而去了。

第三章　海耶克的學術貢獻及自由經濟思路

由上一章海耶克的教學研究生涯之描述，可知海耶克在維也納大學接受教育和養成訓練，奠定他奧地利學派自由經濟的思路。學成之後在奧地利從事短暫公職和研究、教學生涯後，一九三一年即應邀至英國倫敦大學政治經濟學院，開啓了輝煌的經濟研究。一九五〇年赴美國芝加哥大學社會思想委員會任教後，轉向非經濟學領域的研究，成果豐碩。雖然海耶克自己認爲最主要的興趣領域，是在一般經濟理論和經濟思想史兩個層面，但其學術成果超出一般認定的經濟學領域，在非經濟學領域方面也大放異彩。海耶克多產、著作等身，要詳細介紹不太可能，本書只將其用英文寫作且較著名的作品扼要介紹，並作引申和論評。

一、展開與凱因斯長達十多年的論戰

既然海耶克的經濟學方面重要著作的完成，是在旅居倫敦大學政治經濟學院之時，我們就得回到一九三〇年代的時光，那是歷史上最有名的經濟大恐慌時代，是凱因斯革命出現的時候。當時海耶克與凱因斯針鋒相對，他堅決反對政府干預，並對通貨膨脹政策大力抨擊，對於膨脹政策將帶來災禍的分析，在一九三一年出版的《價格與生產》（*Prices and Production*）一書已有明確解說。他確信經由信貸政策和銀行決策所產生的貨幣支出，對於價格和產出會有極大的衝擊。在一九二七年和一九二九年間，鑒於一九二七年之前繁榮期，恐因美國一般物價自然地下跌致使景氣趨緩，爲了延長繁榮期間，美國政府使用了擴張貨幣（Easy-money）政策，因而點燃了過度投資，且將繁榮多延長了兩年。之後，當不景氣開始出現時，政府不再使用人造的經濟政策來維持消費，因而無法支持生產，也就這樣的出現了一次相對自然而平穩的不景氣，最終卻演變成歷史上永難忘懷的「大蕭條」（Great Depression）。這裡必須強調的是，如果美國聯邦準備局（Fed）持續動用擴張借貸的政策來維持繁榮假象，也只是延緩大蕭條的出現時日而已，而且程度還會更嚴重，因爲以往的擴張貨幣政策必定要付出代價的，早些時日付出，代價較小，愈拖則愈大。

在一九三一至一九四一年間，海耶克致力於經濟課題，發展出一套一般性的理論，此即不合理的擴張性貨幣政策會誤導投資者，誘使他們被人造的需求所迷惑，結果造成經濟體系的嚴重扭曲，使資本和資源集中於低生產力之處。也就在這一段期間的醞釀，終於開展出海耶克與凱因斯長達十多年的論戰。先是海耶克在一九三一年八月和一九三二年二月，於《經濟學刊》（*Economica*）上批評凱因斯在一九三〇年的《論貨幣》（*Treatise on Money*）。而凱因斯先是以攻擊海耶克的《價格與生產》回應，接著卻明確表示已將其《論貨幣》的體系修改了。當一九三六年凱因斯出版其曠世巨著《一般理論》（*The General Theory of Employment, Interest and Money*）時，海耶克並未立即有所反應，起因是他發現該書內容模糊、華麗而庸俗，而在有第一次論戰的經驗下，他覺得凱因斯將會如前的再次修改自己的看法。沒想到就由於此種錯誤的預期，竟然使凱因斯的「把操縱經濟大權由上帝手中奪回」，而認爲政府利用財政和貨幣政策工具可將經濟體系精密調節，從此經濟衰退將永遠消失的說法風行全球。風光的局面一直持續到一九七〇年代早期「停滯膨脹」（Stagflation）出現才受到質疑。

可是，就在這近四十年裡，與凱因斯完全不同的海耶克學說竟然受到極度輕忽，而且海耶克在一九四一年寫作《資本的純正理論》（*The Pure Theory of Capital*）之後，就沒專心致力於經濟理論的事務，也就因爲如此，才會使凱因斯理論更得到擴展的空間。對此，海耶克還深深後悔，後悔沒有及時給予《一般理論》嚴厲的批評。海耶克在經濟領域裡的重要英文著作，除了已提及的這兩本書外，還有一九三三年的《貨幣理論與景氣循環》及一九三九年的《利潤、利息與投資》（*Profits, Interest and Investment*）。第一本書批評主張貨幣與信貸不會影響生產結構的理論，指出信用貸款突然注入經濟體系，會改變商品的相對價格，進而產生無法維持的過度投資；第二本書和先前提過的《價格和生產》一書，也都循著相同思路說明貨幣與信貸變動時，資源將被誤引至原本不會被引進的領域，而信貸的增加刺激了投資，但此種投資是投資者受「假信號」誤導，而非呼應眞正需求的改變而作的，因而投資無法持續維持，以致發生經濟波動。至於《資本的純正理論》一書，則探討生產結構中的資本、利息，以及時間因素，說明資本的複雜結構及資本在經濟興衰中的重要性，是資本理論的經典之作。但當時正值凱因斯理論如日中天，本書也就不幸被忽視了。

自一九三六年以來，凱因斯理論不但成爲現代經濟思潮的主流，而且成爲全球各國政府財經政策的圭臬。今天我們所習見的一些名詞，如「計畫經濟」、「福利國」、「社會福利」、「充分就業」等，其所代表的觀念以及從而推演出來的許多措施，有的是直接發源於凱因斯而氾濫橫溢；有的是與凱因斯匯遇而推波助瀾；有的是由於社會主義的改頭換面或借屍還魂而附著於凱因斯。在凱因斯的大名風靡世界的今天，雖然也有些人直接對他予以嚴厲的批評，但所批評的，有的屬於局部、有的不夠深刻、有的且夾雜有情感成分，而海耶克則是從廣而深入的層面，保持嚴肅的學術討論風格，一本奧地利學派的傳統，特別強調經濟學是「人」的行爲科學之一部門。在行爲科學這一概念下，一方面預設人的尊嚴，從而個人的自由不容侵犯；一方面確認人的理知之不完全，但由於人與人之間的行爲相互影響、相互調整，而其潛能的發揮又復無限，於是再進行到經濟行爲的理論分析和經驗印證，以指明時下經濟思潮的動向和風行的財經政策之終極趨歸，是對於人的尊嚴，以及個人自由的全盤否定。

海耶克這樣本乎知識的責任、道德的勇氣，對於我們這個世代提出這樣嚴重的警告，應該可以收到振聾發聵的效果。可是今天的實際情形又是如何？在學術界，海耶克的影響力，充其量似乎只限於一隅；而在財經政策制定者的心目中，好像根本沒有海耶克的存在。究竟是海耶克的理論思想難懂，或是人類的短視自私、重名重利，以致爭權奪利習以爲常之故呢？

一九四四年，海耶克寫作出版《到奴役之路》這本老少咸宜、膾炙人口的通俗性作品，一九四八年又出版《個人主義與經濟秩序》（*Individualism and Economic Order*），一九五二年發表《感官世界的秩序》（*The Sensory Order*）和《科學的反革命》（*The Counter – Revolution of Science*），一九六〇年出版《自由的憲章》這本結合法學、政治哲學、道德哲學，以及經濟學的嘔心瀝血巨著，一九六七年再出版《哲學、政治及經濟學研究》（*Studies in Philosophy, Politics and Economics*）文集，一九七三至一九七九年，海耶克又出版了分成三大冊的《法、立法與自由》（*Law, Legislation and Liberty*），一九八八年出版最後一本書《不要命的自負》，而一九九一年倫敦經濟事務學社（IEA），將海耶克在一九三一至一九八九年替IEA所寫的小冊子及在該社出版的雙月刊所發表的經濟、政治，以及哲學論文，結集成《經濟自由》（*Economic Freedom*）一書出版。以下引用最先將海耶克引介到臺灣的夏道平先生，將這些著作所顯現的重要理念作綜合引述及詮釋。

二、海耶克理念綜述

身為現代奧地利學派中堅分子的海耶克，特別強調經濟學是「人」的行為科學之一部門。經濟學所處理的對象，係人與物以及人與人的關係。經濟學的目的，在於解釋許許多多的經濟行為之後果，而這些後果並非任何人所故意造成的。經濟學不同於自然科學，它的對象是主觀的，而自然科學的對象是客觀的。

主觀的和客觀的，就自然科學來說，是比較簡單的區別。前者是指人們的見解或信念，後者指的是外在的事實。但這樣子的簡單區別，卻不能輕易地用在社會科學方面。因為社會科學的對象之「事實」，也包括一些見解。這裡所說的見解，不是社會現象研究者本人的見解，而是社會現象所賴以產生的那些行為者的見解。在此種意義下，社會科學者所處理的和自然科學者所處理的一樣都是客觀的事實，因為它們都是不受某個觀察者或研究者的影響而獨立存在的。可是在另一種意義下，社會科學所研究的事實，其本身可能是一些見解，是我們所研討的那些行為的行為人之見解。至於這些見解是眞是假，倒是沒有關係，我們也不能直接從行爲人的內心去觀察，只能從他們的言行去認知，因爲我們自己有一顆與他們相同的「心」，這是社會科學，也當然是經濟學不同於自然科學的一大要點。

我們可以舉例來說明，例如：「貨幣」這個東西，在經濟學的概念下，是與人發生關係的。持有貨幣的人，都「認定」貨幣具有「可被接受」的性質，因而可用它來換得持有人所需要的財貨或勞務，所以它「適合」作爲交易媒介、儲藏工具，也因此它才有了價値。至於貨幣本身是什麼材料製作的，金屬或紙張或其他東西，我們可以不管，那是屬於客觀的物質方面的問題。不過，這裡所說的「認定」、「適合」這類字眼，都代表主觀的見解或信念。這個貨幣的例子可以類推到經濟學的其他一切概念，這是就人與物的關係來講。

換成人與人的關係來看，也是一樣，甚至於像父子之間這種純屬生物學上的關係，在社會科學當中，也是屬於雙方主觀的認定。至於此一認定是否錯誤，意即在血緣上是否爲眞，我們可以不問。就經濟行爲中人與人的關係來看，其主觀性也可由此類推。某甲把他所生產的東西去跟某乙換來一些小圓形的金屬製品或花花綠綠紙片。這一行爲究竟是貨幣交易（Exchange）或是實物交換（Barter），我們不能憑外在的事實去了解，必須察知行爲人某甲作此行爲時的意念。如果他準備把那些換來的東西再去換其他的貨品或勞務，那他就是把那些東西當作貨幣，而他的行爲就是貨幣交易。如果某甲是個守財奴，他要把換來的那些東西藏起來，寧願去行乞來餬口，那他所換來的東西就成爲直接滿足他特殊慾望的實物，其行爲就是實物交換。由此可知主觀性這個特徵，就是社會科學（包括經濟學）不同於自然科學的基本所在。

「科學迷」的工程師心態

經濟學的對象既然不同於自然科學，那麼，自然科學方法（簡稱科學方法）就不能機械式地用於經濟學。然而近代自然科學的成就，愈來愈教人嘆服，科學方法予人「可能」的印象。熱心於社會改良者，急於事功，爲求速效，對於社會問題，尤其對經濟問題的研究與解決，也一律訴諸於自然科學方法，海耶克稱此情形爲「科學迷」（Scientism）。海耶克並非反對科學方法在其本行內的應用，也不是對科學方法有所懷疑，他提到科學迷這一名詞時，絕不涉及科學所具有的純客觀精神，只是涉及科學方法和科學語言的濫用。就科學的眞義來說，這正是「非科學的」，因爲對於研究的對象還沒有弄清楚，就自以爲知道了研究這種對象最適當的方法。

科學迷對於經濟問題的探討與解決，並非無能爲力，而是它能爲大害。在申述此點之前，有必要先講到另一個有害於經濟問題的探討與解決的趨勢，它在許多方面與科學迷有密切關係，此即「工程師的心態」之氾濫。

工程師所做的事，其目的是單純的，凡是可達此單純目的之一切力量，他都可以控制。爲了達此目的，工程師可以自由支配一個既定量的資源。一開始他就能將全部過程中的各部門之施工，計畫得清清楚楚，而繪成藍圖，進而一步步完成他全部預定的計畫。也就是說，工程師在他面對的小世界裡，有完全的控制力，凡是與他的工程有關的各個方面，他都能觀察到，且都可明瞭，他要處理的事物只是一些「已知量」，在遇到工程上的問題時，並沒有別人的決定對他產生干擾，意即他的工程問題並沒有參與社會過程，他只是在屬於自己的世界裡由他來裁決。所以，他可將自己精通的技術應用在這些客觀事實上，按照藍圖一步步完成他的全部計畫。工程師可按既定價格購買他所需的材料，按既定工資僱用工人，這些既定的價格和工資對他來說是理所當然的，他並不會了解這些價格和工資在一個競爭社會裡，是由錯綜複雜的市場運作所形成，一旦遇到物價和工資之波動出乎他的意料而影響到他的計畫時，他就認爲是一些不合理的力量在作祟；而他所謂的不合理力量，意思是指未被好好管制的力量。於是乎工程師的見解，就擴張應用到社會組織，要求廣泛的計畫和管制。如此一來，就有了所謂的「政治工程師」、「社會工程師」的稱呼。蘇聯的藝術家竟曾以史達林所賜的「靈魂工程師」這一封號，感到驕傲。

就在科學迷和工程師心態的氾濫下，乃激發近代社會主義、計畫經濟或統制經濟的熱潮。於是民主社會的文明所賴以成長、賴以持續的個人自由，就遭到嚴重侵襲。

迷惑人的社會主義

海耶克的一生可說都和社會主義對抗，也全力設法將它說清楚，然而成效並不彰。「社會主義」（Socialism）這個名詞，很難有明確的概念。社會主義派別很多，激進革命的馬克思主義和溫和漸進的費邊主義是兩個極端，其間有法西斯主義、納粹主義等。它們之間的不同是在方法上，而終極的經濟結果是一致的，亦即生產手段國有，分配和交換則由中央統制，以衙署命令取代市場機制，以社會正義取代利潤誘因。

社會主義自一八四八年以來，百年之間吸引衆多知識界領袖的認同，在海耶克冒出頭之際，在清明的思想界曾經沒落，而且那些有利的反社會主義的議論，竟然有些是出自社會主義陣營分子，海耶克將此現象稱之爲「社會主義者的覺醒」，且將其主因歸爲三：一是社會主義下的生產不但不比私營企業的生產多，反而是大減；二是社會主義並未導致它所許諾的更大社會正義，反而建立一個新的社會階層，而且是比以前更嚴峻的社會階層；三是社會主義並未實現更大的自由，反而助長新暴政的出現。

不過，儘管有過這種轉變，但弔詭的是維護自由的思想家，卻也並未得閒，反而要作更繁難的解析工作。一方面由於社會變遷，政府的職務除了維持治安與國防外，服務性的措施擴展了。由於市場機能無法妥善解決若干經濟問題，於是政府進場干預補足，但往往讓市場功能癱瘓了。另一方面，熱心的社會改革家，雖放棄諸如生產手段國有化的傳統社會主義步驟，但新方案對於自由的危害並不小於傳統的社會主義。傳統的社會主義是明目張膽、公然扼殺自由，新的方案則是暗中蛀蝕自由。前者是「熱的社會主義」，後者是「冷的社會主義」；前者是「熱水煮青蛙」，後者是「溫水煮青蛙」。何者對自由的危害較大，是非常清楚的。

更麻煩的是，冷的社會主義者大都是自由主義者，他們也承認私有產權，也尊重民主的政治秩序，因此他們比熱的社會主義者更能獲得擁護和支持。已故的一九七六年諾貝爾經濟學獎得主弗利曼就說：「十九世紀的自由主義者，把自由的擴張看作是促進福利與平等最有效途徑，二十世紀的自由主義者，則把福利與平等看作是自由的前提條件或自由的替代品」。「福利」和「平等」這兩個詞比「社會主義」更有媚力和魔力，比起「自由」來，更令人感覺切乎實際，於是乎，「福利經濟」和「福利國」應運而生，成爲新寵。

福利國 VS. 自由社會

「福利國」的面目模糊不清，並非指稱一個確定的制度，勉強給它一個定義，「福利國是指那些尚保存私有財產制度，其政府在維持國防與治安之外，有計畫地擴大經濟方面措施的邦國」，如此一來，福利國與計畫經濟和統制經濟，在某種意義下是分不開的。而那些經濟措施，種類愈來愈多，有的有利於自由社會，使社會更美好；有的與自由社會不相容，或對自由社會的持續構成，具有潛在威脅。一個明智的自由主義者，絕不會維護自由而不分青紅皂白地反對政府在維持國防與治安以外的一切活動。問題在於需先確定一個原則，再進而對福利國的經濟措施批判，指出哪些是對自由無害、哪些會蛀蝕自由。至此，有需要將海耶克所用的自由定義加以敘明。

海耶克所用的「自由」這個詞，指的是人所處的一種情況，在此情況下，他的行為（包括不行為），完全照自己的意願或打算，不受他人任意的強制。為進一步了解其意，對於「強制」（Coercion）還應加以解釋。比如說，甲代表強制者，乙代表被強制者。強制並不表示乙毫無選擇餘地，而是意謂在甲所造成的控制情況下，乙為免於更重的禍害，不得不違背自己的一向意願，而選一個受害較輕的途徑，以達到甲所希望的目的。就避重就輕這點來說，乙並非毫無選擇，但此一選擇是在甲所造成、所控制的環境下逼出來的。換言之，甲既然控制住此情況，則乙的選擇實際上就是由甲決定的。此時，乙既不能利用其聰明或知識，也不能依其目的或信念。強制之危害，正因它消滅了能思想、能評價的個人，使他成爲一個單純的工具，被用來達到別人的目的。社會上能獨立思考、能獨立評價的個人多被消滅一個，就對社會進程中的生機多窒息一分。所以，強制之危害並非只對被強制者個人而已。

在現實社會中，強制是不可能完全避免的，畢竟作奸犯科的壞人比比皆是。爲了防止這些強制，只得用強制這種方法來嚇阻。因此，一個自由社會也得賦予邦國強制權，使其獨占強制權的使用，但也必須嚴格限制強制權的使用範圍及方法。其範圍限於用以防止人對人或人群對個人的強制。凡是與防止強制無關的事情，不得藉任何理由使用強制權。方法則是法治（The Rule of Law）。法治的要義是一般性，法律之前人人平等，並非對付某個或某些特定的人，而且是明白確定的，讓大家事前都知曉，並非官吏可任意作爲的。在這個限定的範圍與方法下，讓邦國獨占強制權的行使，才可能把強制的危害減到最小。必須補充的是，政府可以用強制權來防止人對人的實際強制，也可以用強制權來防止詐欺。詐欺雖非暴力的逼迫，但它與強制相同的是，詐欺者也是造成一種情況，讓別人當他的工具以達到他的目的。所以，政府的強制權也可用來防止詐欺。

海耶克一生所傾力維護的自由，就是上述這種純眞未摻雜的原始意義下的自由。他以這種自由來判別現代「福利國」一些措施的是非得失，凡是屬於防止強制的，政府本身可用其獨占的強制權；凡是屬於服務性的，也就是現代所謂的福利措施，如果出自於強制，就是對自由的危害。時至今日，由於都市發展、人口集中、交通發達而空間縮小，生產技術日新月異，帶來了諸多新經濟問題，也誘發許多新的經濟願望，沒有理由把政府的職務限於最小範圍，也不必死命地反對政府的服務性活動之擴大。關鍵的問題是：服務性的活動是否爲強制的。

政府究竟能提供什麼服務性活動？除了不能使用強制權外，政府無權包辦服務性活動，在自由社會裡，在一定範圍內，賦予政府以強制權，政府可獨占的，也只限於獨占權的行使，其他方面都得與人民或人民團體在同等條件下活動。在此原則下，並不妨礙政府對某些勞務的提供負專責，如貨幣制度的統一與安定、度量衡制度的制定與管理、市場訊息的情報與統計等。這些活動雖由政府專辦，但強制的獨占不同，對於自由市場不僅沒妨害，像幣制與度量衡的統一正是自由市場所依賴的要件，而政府從事這類活動需依社會邊際利益等於社會邊際成本這個經濟原則，才能讓活動達到恰好的程度。

政府除了那些宜由政府專有的服務性活動外，其他一切服務性的活動大都沒有理由包辦，但可以參與、可以領導、可以負擔部分或全部經費，而委託有相當競爭性的私人機構執行。政府絕不可用強制權獨占，否則就與自由社會不相容。

所謂「福利國」，是在「社會安全」的口號下，危害到自由社會的根基，因爲政府爲保證社會安全而實施強制性的社會保險，其項目眞有擴大到「從搖籃到墳墓」的趨勢。照此趨勢下去，每個人都得靠政府來生活，個人的自由將隨個人的責任而消滅。

畢竟自由與責任是不可分的，自由不只意謂個人有選擇的機會，也意謂著個人要爲選擇而煩心。因爲一個自由人必須爲自己的行爲後果負責，接受成敗的利害或榮辱。儘管很少有人會說「我不要自由」，但有太多的人怕負責任。責任與自由不可分，因而這些人也就怕自由，願意犧牲自由來過一種被庇護的生活。「社會安全」這個模糊的概念，以及隨之而來強制性的全面的社會保險之所以被接受，這是主因之一。

或許有不少人認爲自由雖重要，但生活的安定更重要，沒有安定的生活，自由有何用？這種想法在某一限度內是對的，但是如果不設定一個限度，而是把安全視爲絕對的重要，那就涉及價値和認知方面的兩個嚴重問題。海耶克是這樣說的：「當我們說到『進步』而關聯到個人的努力或任何有組織的人類努力時，我們是指稱向著一個已知的目標前進。如果把社會的進化（Evolution）也叫作進步，那就不是這個意思。因爲社會之所以進化，並不是由於人們憑理性的努力而用既有的方法，以達成一個預定的目標。比較正確的想法，是把進步看作人類智能之形成與變更的一個過程，亦即適應與學習的一個過程；在這個過程中，不僅是那些讓我們日漸了解的各種可能性在不斷地變動，而我們的價值觀和願望也在不斷地變動。進步既是對於尚未知曉事務之發現，所以進步的結果不得預知。進步總是走向未知的境界，而我們所指望的，最多也只是對於促成進步的那一種力量，獲得一個了解。如果我們試圖創造一些有利於進步的情況，這種一般性的了解，當然是必要的，可是這種了解並不是使我們得以作個別預測的知識。如果說我們能夠從這樣的了解得到我們所必須遵循的進化法則，那就是個謬論。人類的理智，既不能預知人類的未來，也不能憑理智來造就一個怎樣的未來。理智的增長，在於找出什麼地方有錯。」

他又說：「我從自由所得到的利益，大部分是別人利用自由的結果，而別人對於自由的利用，大部分是我所無法利用的。所以，對我而言，自由之所以最重要，並不一定是我自己所能利用的自由。我們可以確定地說，有些人可以嘗試任何事情，比所有的人都作同樣的事情，要重要的多。……所以，自由的利益，並不限於對自由人——至少可以這樣說，一個人絕不是主要地受益於他自己所利用的自由。歷史上常有不自由的多數人，因爲有自由的少數人之存在而得到利益，今天，不自由的社會也得益於自由社會的存在。」

熱的社會主義，其害處已非常明顯，而冷的社會主義——所謂「福利國」的一些強制性的所謂福利措施（或者稱爲「仁政」、「德政」），其結果也同樣地是大家的災難，隨著個人自由的完結而加深，只是速度較慢而已！

恆常法制架構

由一個中央機構來計畫經濟或統制經濟，不僅無助社會進步，還會有害。但除了徹底的宿命者外，每個人都是計畫者，所有的政治行爲都是計畫行爲，只是計畫有好壞之分，也有聰明或遠見計畫與愚蠢或短視計畫的區別。經濟學家是要研究人們實際上如何作爲、如何打算，因而絕不會反對這種有意義的計畫。海耶克再三提及，自由經濟所需要的只是一個恆常的法制機構（Permanent Legal Framework），在此架構下，讓各個人按各人的計畫從事不同的競爭活動。透過市場價格決定他們的計畫之成敗得失，而成敗得失的責任由各人自己承擔。在互相競爭、調整與適應的過程中，無限的潛能得有最大機會發揮。計畫經濟是憑少數人乃至一個人的頭腦來代替千千萬萬人的頭腦，以一個計畫來代替千千萬萬人個別計畫，以控制（直接或間接）社會的全部經濟活動，是自由主義經濟學家堅決反對的。

不過，反對這樣的中央計畫，並不等於固執粗疏的放任態度，主張盡最大可能利用競爭力量來協調大家行為，並不等於置一切事物於不顧。因此，某些經濟管制不只現代自由主義經濟學家不反對，還特別重視呢！例如：對產權的保障，必須考慮到產權的行使是否會產生社會成本；契約自由的保障，需考慮契約內容和訂約時環境；就業自由的保障，並不排斥某種業務法規以規定凡從事某種行業的任何人，必得具備某些條件（如醫生）；在生產自由、銷售自由、消費自由的原則下，政府也得禁止、限制或干涉有毒物品的產銷。至於自由主義者所一致接受的現代工廠立法，其內容不只包括一般工作環境和條件、童工女工的特殊工作條件，還涉及生產技術。在一個自由社會裡，政府採取這類經濟管制的理由，是因市場機能無法使這類經濟活動經由價格運作，達到社會邊際利益等於社會邊際成本，而政府的這類經濟管制係彌補市場機能之不足，並非妨礙市場運作。

必須再強調的是，這類必要的經濟管制，並非都只有利而無害，生產技術的管制常常限制試驗範圍，導致阻礙發展或減低生產力而提高生產成本較容易了解，社會邊際利益和成本的估算無法精準，以致政府管制根本無法評斷，往往低估管制所產生的損失，亦即政府管制總是做得「過度」，而且也容易產生特權、官商勾結等弊端。

所以，理論上政府應彌補市場失靈，但政府失靈往往更嚴重。管制經濟學交易成本理論、公共選擇理論，以及制度經濟學等乃應運而生。

要不得的「物價管制」

經濟管制中，「物價管制」最被詬病。無論是政府的直接定價，還是只定下若干規則，再由政府依此規則定價，都與一個自由制度的運作絕對不相容；所謂合理物價或適當的物價，決定於經常變動的環境，隨著環境變動，物價也須持續調整，物價一旦被硬性限制或規定，它們就失去有效指導生產和消費行爲的功能。另一方面，如果依某些規則（如物價需與成本保持一定關係）來核價，則同一物品的不同賣者被核准的價格勢必不同（因各個賣者的成本不會相同），這樣就阻礙了市場機能。更重要的是，物價非由自由市場來決定，供需就不會相等，爲使物價管制有效，又需採取若干措施來決定誰可以買、誰可以賣。如此一來，人與人之間就必然受到任意的差別待遇。經驗告訴我們，有效的物價管制，只有靠數量的管制來達成，亦即靠行政當局決定某些特定的人，或某些特定行號可買多少或賣多少。這又是任意的決定，行政當局認爲怎樣重要就怎麼辦。因此，價格與數量管制及自由市場不相容，有兩個原因：一是這種管制一定是任意的，二是這種管制一定不能讓市場機能順利地發揮作用。

主張計畫經濟者，也不是都稱讚中央計畫是如何的好，他們大多數是認爲我們被一種無法控制的客觀環境所迫，不得不用統一的計畫來替代競爭。他們所說的客觀環境是指現代生產技術的演變，在此演變下，競爭被消滅，這並非出自我們的自由意志。他們認爲，此種趨勢我們無法扭轉，也不必阻止。海耶克研究認爲，這種說法只是一種毫無根據的神話，由於若干寫作者彼此唱和，許多人也就信以爲眞。

技術演變促成獨占的說法，指的是大規模生產效率較高，大公司比小公司占優勢。在單位成本遞減下，大公司增產降低成本，而較小公司逐漸被淘汰，於是每個產業只剩一個，至多也只有兩、三個龐大公司可以生存。這種情況有時的確是隨技術進步而產生的後果，但還有許多相反的結果，被主張計畫經濟者忽視，因而他們的說法經不起事實的印證。海耶克引用美國臨時國民經濟委員會（The American Temporary National Economic Committee）在一九四一年的研究報告之結論，支持他的論斷。

該結論指出，就生產效率來看，最適規模並不是最大規模，因而大規模生產優勢並不一定使競爭削減，而且獨占往往是生產要素，並不是較大規模的較低成本所致。其實，政府政策的保護與特許，才是工商業獨占的主因。海耶克指出，獨占的被攻擊，是經濟政策的代罪羔羊。

獨占之得以成長，是政策鼓勵或保護，並非生產技術進步或資本主義的演進而來的，有各國的歷史事實為證。在十九世紀最後三十年，美國和德國是比較年輕的工業國，獨占的出現也就在此時期。這兩個國家的政府多助長獨占，不只用保護手段，還用直接獎勵，甚至用強制手段管制價格和銷售。所謂的「科學計畫」、「計畫的『產業』組織」，就在政府協助下，開始大實驗，進而造成了一些龐大的獨占事業。約五十年之後，英國也跟上腳步。

競爭必然會發展到「獨占的資本主義」這個說法之所以廣被接受，大都受德國社會主義理論家的影響，他們把本國的現象予以一般化而成為一個違反事實的論調。其荒謬不亞於墨索里尼所說的：「文明的形式愈複雜，個人的自由愈要受限制，有資格這樣說的，以我們義大利為首。」墨索里尼這些話的涵義，是說義大利必須在歐洲其他國家之先消滅個人自由，因為義大利比其他國家都進步。海耶克對這段歷史評論說：「在社會演進過程中，沒有什麼東西是必然不可避免的，但思想卻會使他們如此。」他又警示說：「儘管在現代生產技術的發展中，沒有什麼東西逼得我們走向廣泛的經濟計畫，但在這個發展中，計畫機構所會掌控的權利，將更加危險。」

被誤解、扭曲的競爭功能

競爭的功能往往受到誤解和扭曲，競爭絕不是只適合在相當簡單的情況，正是由於現代社會分工複雜，要作適當的協調，唯一的方法就是競爭。如果只一個人或一個機構，是可以作有效的控制或計畫，但實際社會中要考慮的因素實在太多，多到連一個大概的了解也不可能，因而分散的辦法有必要，而分散之後，就有協調的問題。協調的途徑，就是讓各個行爲人就他們所知道的，只有他們自己才能知道的事實，去自由調整他們的行爲，如此一來，他們個別的計畫也得以獲致相互調整。畢竟沒有任何人能把那麼多人的個別決定清楚地都考慮到，因而這種協調的境界，顯然不能由「有意控制」來達成，只能靠某些安排，使每個人能夠得到他應該知道的訊息，以便有效地調整自己的決定來適應別人的決定。再因那些不斷地影響各種物品供需情形的因素也不斷地變動，任何一個中央機構絕不可能充分知道這些變動的詳情，也無法夠快地蒐集與傳播。我們所要的，是一套會自動把有關各個人行爲的後果全部記錄下來的工具，所記錄下來的，不只是個人行爲的後果，同時也是各個人作決定時所依賴的指標。這也就是競爭市場中的「價格」所完成的任務，而非任何其他制度所能做到的。社會愈複雜，我們愈要依賴競爭市場的價格制度來達到協調，愈不能靠什麼中央計畫。其實，經濟學始祖亞當・史密斯（Adam Smith）早在一七七六年就以「不可見的手」（Invisible Hand）說清楚了！

計畫經濟的趨勢並非什麼外在的必然性逼迫形成的，而是有意的行動造成的。那麼，爲何會有那麼多的技術專家要站在計畫者的前線爲他們充當先鋒呢？可能的解釋是：每個專家都有他技術上的理想，如果把這個理想的實現看作人類的唯一目標而不顧其他，每個理想都可在相當短的期間達成。可是，我們大家所一致認爲好的而想取得的事物，卻是無限的多，而我們實際能得到的卻是有限，或者對於所得到的又感到不足。（這是基本經濟學教本開宗明義「欲望無窮，資源有限」，也一針見血道出經濟學的出現在探究人的「選擇」行爲。）

不過，那些富有理想的專家們，因其技術上的抱負受此挫折而不能實現，很自然地對現狀社會產生反感，此種心境是一般人常有的。至於這些事物不能同時得到，而其中任何一個可得到，就得放棄或犧牲其他事物，要了解這個道理所要考慮到的因素，都是屬於專家行外的。要了解這些因素，又得靠艱苦的心智上之努力。尤其是要從一個較廣的立場來看我們大多數人追求的目標，進而把這些目標與那些在我們直接利益以外的，因而大家比較不關心的一些目標相互比較、權衡輕重，所需要耗費的心智上的努力，又更爲艱苦了。

許多事情，如果把每一件都孤立起來，在一個計畫社會裡，總可能做得到。也就因爲如此，那些熱心於計畫的人，總覺得他們能說服計畫社會的當政者，接受他們對於某一特殊目標的價值觀，因而使他們的抱負得以充分實現。一個計畫社會，確實更能把大家所喜歡的某些事情做得更好，但無法做好所有的事，而某些方面技術上的輝煌成就，卻不能推論社會計畫的一般優越性。畢竟生產資源是有限的，某些方面的成就，顯得突出的優異，其實是資源誤置的明證，也就是資源的浪費，然而這不是專家們會去考慮的。專家們爲了要急於充分實現其技術上各自的抱負，當然會寄望於計畫經濟，因而擁護計畫經濟。這並非貶抑專家們在自由社會的實用價值，也沒否定他們在其所專部門內應有的權威，只是說他們大都熱衷於計畫的社會。如果他們得遂其所欲，那就會讓他們成爲最危險的人物，他們對於別人的各個計畫是最不能寬容的，海耶克就特別提出這樣的警語：「從一個聖潔而眞誠的理想主義者，變成一個狂熱之徒，往往只有一步之隔。」

主張並維護自由經濟，對計畫經濟和社會主義之害，予以徹底剖析，是海耶克畢生志業，在《到奴役之路》和《不要命的自負》兩本書中最能清楚顯示，我們就這兩本主要著作再進一步介紹。

三、《到奴役之路》的影響

一九四四年出版的《到奴役之路》是海耶克一生最重要的轉捩點，在此之前他是個籍籍無名的經濟學教授，該書出版一年後，他就成爲全球知名人物。海耶克在緒論中明確的說：「本書是個人親身經歷的結晶……。」該書是他所有著作中獨一無二的一本對當時公共輿論發揮影響的著作，很像是站在曠野上大聲疾呼：正統社會主義如果實現了，僅會帶來政治、經濟和道德上的奴役制度。該書的大部分內容是社會主義經濟計算論戰所衍生出的政治上和道德上的分支果實，它主要側重於從正統社會主義體制所必然產生的政權和社會類型的角度作論述，不是從經濟生產力的角度來探討問題。

海耶克寫《到奴役之路》是針對受過教育的一般民衆，讓他們看得懂並受到影響，進而影響公共政策。他看到二次大戰後英國很有可能會實現全面國有化的社會主義，他認爲將會是極惡錯誤。海耶克明白指出，生產手段握在政府手中，把權力集中到國家手中，這種方式與納粹德國和蘇聯所作的類似，此在一九三〇年代之後，得到學院知識分子的普遍支持。

一九四四年三月十日，《到奴役之路》在英國出版，立即引起轟動，吸引大家的關注，出書時機正逢其時，不論是否認同書中觀點者都關心。此即，正統社會主義的經濟生產手段國有化，心中的那根弦都被撥動了，是不是戰後英國應該走的方向。

不論是在英國還是在歐洲大陸，一九三〇年代經濟大蕭條都大大地增加了人們對社會主義的支持。整個西方社會成百上千萬人失去工作，在人們心中，資本主義已失敗，馬克思對資本主義滅亡的預言是準確的，而像蘇聯那樣由集體、國家控制生產手段，是實現經濟穩定和高效率的最好途徑。

海耶克和當時大多數知識分子及學者不同，他正確地抓住要點，社會中大量生產手段由私人擁有，並由私人支配，是自由、繁榮和民主之本。而且，通過民主手段所建立的正統社會主義，仍是極權主義的。

在海耶克看來，所謂集體主義、社會主義與計畫經濟，都是表達同一事物的不同名詞，這一事物就是主張生產工具公有與中央計畫經濟。海耶克憂慮的是，大家對於價格機能的領悟已有不甚深切的跡象，因而對其功能維護也就不很盡力。他特別指出當時社會上流行的一種看法是非常危險的，那就是由於對整個經濟過程的運行已很難了解其全貌，那麼，如果要使社會生活不至於陷入混亂，就應由中央機構對之加以協調。海耶克認爲，這種說法完全出於對競爭功能的無知，事實是，社會愈複雜就愈有賴價格機能在無形中提供各種相關訊息，以爲個人行爲的指南。在此情況下，若想透過一個中央機構的調度，其所產生的後果必較任由價格機能之指揮遠爲惡劣，而且到最後將會引導我們走向一條新的「到奴役之路」。

海耶克雖在本書的結論中寫說，該書的目的不是在爲未來希望出現的社會秩序提出一個詳盡的方案，但由全書論述中卻可體認他憧憬的社會的一些特徵。無疑地，海耶克所憧憬的是一個「眞的」個人主義的社會，他說：「個人主義的傳統創造了西方文明。」而「西方文明則將人當作人那樣的尊重。」一個自由社會的主要條件是私有財產的維護和競爭市場的存在，使各個人都能因此交換到自己所需的貨品與勞務，這樣的社會就會產生對人權的尊重和民主政治的推行，而個人主義最重要的制度屏障是「法治」（Rule of Law）。海耶克一再強調，古典社會主義與計畫經濟之不可行，乃因它與個人自由相抵觸，不僅僅是它對經濟生產力的發揮亦有所阻礙而已。

《到奴役之路》初版在倫敦甫一面世，就受各方讚許。劍橋大學的庇古（A. C. Pigou）就說：「這是一本碩學的誠摯著作。」並且相信「很少學者看過全書之後會不對作者表示敬意與同情。」連凱因斯都寫信給海耶克表示，「這是一本偉大的著作……你不能期望我接受你在其中所有經濟方面的意見，但在道德信念和哲學思想上我不但是同意的，而且是深受感動地讚賞。……」連不認同海耶克認爲計畫的結果必會走上極權主義看法的社會主義學者，除少數例外，大都認爲該書是懷著善意而寫成的。

在一九四四年九月芝加哥大學出版部印出《到奴役之路》之前，本書曾被美國書商拒絕出版過三次。出版後經由《紐約時報》和《新聞週刊》（*News Week*）等報刊的宣傳，反應異常熱烈。隔年，芝加哥大學出版部邀海耶克赴美作五週的學術演講（三月到五月），在這段期間，《到奴役之路》成爲全美暢銷書。每期暢銷一千萬冊的《讀者文摘》，在該年四月印出該書的摘要，由於反應熱烈，使原本只在美國東部和中西部幾間著名大學作三、四次演講的海耶克，竟擴大到全美國的巡迴演講。

由於在英、美都造成轟動，海耶克也頓時從一個傳統經濟學者成爲全球名人。不過，海耶克日後回憶說，當時英、美兩國的人反應截然不同，由於英國人當時對社會主義已有相當認識且感受到它的威脅，而美國則全然不同。海耶克認爲「社會主義對美國人是思想上一種新的感染。對於羅斯福的新政狂熱仍在高潮中。那時有兩群人，一群是普通公民，他們對這本書頗感興趣，但從未讀過它，他們只是有聽到這本書是支持資本主義的；另一群人則是學術界人士，他們正中了集體主義的毒，感到這本書是對最高理想的一種背叛，必須加以辯護。因此，我遭受到不可置信的辱罵，這是我在英國從未經驗過的，其嚴重程度甚至到了完全毀壞我在事業上信譽的地步。」

即使海耶克自己覺得他在英國沒受到汙辱，但這本書出版時爲一九四四年，正是凱因斯的大政府經濟計畫、管制理論，以及拉斯基社會主義理論受到熱烈歡迎的年代，《到奴役之路》卻是拂逆此種潮流的異類；奇怪而有趣的是，該書一出版卻得到讀者們廣泛的喜愛，被譯成十多國文字而成爲暢銷書。或許就是因爲該書的普及，才能保住西歐世界免受極權、共產主義的荼毒。

這是一本政治論調的書，旨在剖示任何形式的政治經濟計畫，都會危害到社會中個人的經濟自由，而沒有經濟自由便無政治自由，計畫經濟無可避免會帶來貧困和專制政府。在當時社會主義得到千千萬萬西方知識分子喝采，且蘇聯打敗納粹德國而經濟欣欣向榮（蘇聯公布的數字）的時代，這一本書成爲「毒草」，而海耶克也成爲衆矢之的。此外，第二次世界大戰期間有不少知識分子在政府計畫部門工作，《到奴役之路》無情的打擊了這群既得利益者，於是連經濟學界也興起一股排斥海耶克之風，特別是英國的知識分子竟然視其爲「異端」。

海耶克對此其實有先見之明，由該書序言出現有「本書肯定會得罪一些我極希望與他們保持友好關係的朋友……。不過，寫這本書是我的責任，在責任面前，我不應退縮。」可以得知，而且當時的英國，工黨即將執政，那一股強烈的社會主義傾向，也當然難容海耶克的看法。在四面八方都是敵人，以及前文提過的私人感情因素，和婚姻不如意下，海耶克乃出走至芝加哥，但因其具「爭議性」，連芝加哥大學經濟學系也不敢聘用，而是「社會思想委員會」（Committee on Social Thought）下聘的。

值得一提的是，《到奴役之路》雖使海耶克在俗世的學術地位跌落至谷底，但也正足以彰顯該書的成功。由捷克的私有化部長傑日克（T. Jezek）所言：「假如搞社會主義意識型態的理論家，要挑出一本不惜任何代價都要收起來、嚴厲禁止閱讀的書，而任何散播和講述這書內容的人，將受到最嚴厲的處分，那麼他們一定會挑《到奴役之路》。」可以印證，這本書比歐威爾（G. Orwell）同類型的名書《動物農場》（*Animal Farm*）和《一九八四》分別早二年、五年問世，可見其先知性。

索威爾（T. Sowell）在《到奴役之路》出版五十週年紀念文（〈一條由善意鋪就的地獄之路〉（The road to hell is paved with good intentions）刊於《富比士》（*Forbes*）一九九四年一月號，《卓越》一九九四年五月號刊登中譯文）中指出，海耶克在這本書裡，是站在社會主義立場來攻擊社會主義，海耶克將社會主義看做一個模型，證明其具致命的瑕疵，而在實際世界運用之後則會產生致命危險。

索威爾又指出，海耶克認爲社會主義的核心是：只要具有「同情心」，而以政府的規劃與經濟管制手段，就可以創造符合人性的生活環境。海耶克不以醜化對手的手法批判，反而認爲社會主義者具有眞誠與無私的崇高理想，其中不乏學術卓越人物。可是，也就因爲如此，這批擁有高尙情操的人士，反而成爲極權主義者的馬前卒，爲後者作鋪路工作，而且往往不知不覺，這是多麼諷刺與無奈的畫面。

於二十一世紀今日觀之，蘇聯解體、中共經改、東歐改制，共產和極權主義似乎已全面崩盤，海耶克還算是「幸運者」，因爲他親眼目睹了這番景象。

正如索威爾所說的，法西斯、共產、社會主義都是集體主義的近親繁殖，如今前兩者都已死寂，但集體主義卻正在蔓延當中，而其亦寄生於社會主義。這種現象可舉美國爲範例，多年以來即以「自由主義」爲包裝而大行其道，「產業政策」、「醫療聯盟」這些早已存在的「封建特權」固不必提，如今又多了主張爲弱勢族群積極爭權者、極端環保主義者、愛滋行動派、極端女性主義者，以及其他任何要求政府「不計代價」實現他們的政治主張之人士。

這些人當中沒有一個是公開主張極權主義的，但他們的行動卻正是把社會推向極權主義，因爲只有權力更加集中的政府，才有可能滿足他們的要求。

索威爾的憂心點是：《到奴役之路》這本書中描繪的世界並未消失，或許還不只是死灰復燃，而是一直潛伏在人間，只是面貌不同罷了。

弗利曼的警語

無獨有偶的，弗利曼也在一九九三年二月發出同樣的警語，他說：

「我很高興，《資本主義與自由》的中文版能在臺灣發行。雖然該書英文第一版發行於三十年前，但書中所揭櫫的理念乃是永恆的。

那些理念適用於三十年前，也適用於今日的環境，就某層次而言，可說更能切合當前的局勢，政府干預市場的年代已因輿論而有所改變；當年批判政府干預屬於極端且激進的論點，如今已廣被接受。儘管如此，政府干預的行爲並未隨著觀念的改變而同等變化。

相反的，在美國和其他西方國家，政府的角色自一九六〇年代以來，非但沒有減弱，且有增強之勢，今天的政府花掉國民所得的一大部分，採取更多的管制，且更細膩地干預到個人的生活。最重大的行爲變革，發生在原本是共產主義的國家，包括蘇聯和其衛星國，以及中共……，共產主義的瓦解使我們相信，我們正在進行的任何事情都是正確的。

其實不然，似乎我們正努力走向五十年前的共產主義國家之型態。……美國和其他已開發國家的例子顯示，一旦透過市場機能贏得繁榮之後，常有強烈傾向走向社會主義國家之型態；要維持市場機能的運作，可能比導入市場機能來得困難。」

索威爾和弗利曼所憂心的二十世紀末情況，是否也在其他地方出現呢？就臺灣而言，近二十多年社會上「公平」、「正義」、「福利」的聲音此起彼落，甚至「社會國」、「福利國」的名稱也琅琅上口，而公保、勞保、農保，甚至全民健保、老人年金、國民年金、公平交易法、消費者保護法、兩性工作平等法等社會福利方案及保護措施也紛紛出籠。

加上六年國建、產業政策等政府強力主導政策的習以為常，走向海耶克所說的奴役之路是愈來愈明顯了，而這些也往往是建立在當事人的「善意」和「善心」上，但其結果卻會是「愛之適足以害之」、「到地獄之路往往是好意所鋪成的」之下場。原因何在？

追根究柢，「理念」和「觀念」錯誤及正確觀念不能生根是關鍵所在，這也就是索威爾所說的「五十年後的今天，人們仍然有求於海耶克《到奴役之路》一書」之精義，因為基本觀念就在這本書中。其實，海耶克的其他著作更是仔細而透徹的闡述正確基本理念，只是都不如這本書來得較為通俗易懂，很有必要在今日再予以推廣。

四、《不要命的自負》

一九七八年海耶克已八十高齡時，想把終身辯駁社會主義的任務作一了結，於是想邀請全球居領導地位的社會主義理論家與自由市場秩序的主張者，相聚一堂，舉行一場攤牌式的大辯論。同時，他自己已把數十年來對社會主義的一切論據扼要地寫了備忘錄，準備到時全盤托出，以待對方辯駁。不過，海耶克的這個願望卻因擬邀請的人選難產而未能實現。這當然是非常可惜的事，已故的自由經濟前輩夏道平先生在一九九二年提到這樣的問題：正統的馬克思社會主義理論家適合參與海耶克想像中的辯論嗎？

夏先生認爲，正統的馬克思社會主義理論家所謂的那套辯證法，實際上既不容許開明的辯，也不承認事實的證，而是堅持一套自我封閉的意識型態，否認「人心有共同的邏輯結構」，只認爲階級意識的敵對唯有靠階級鬥爭以消滅階級來解除。所以他們反擊自由主義經濟學家的時候，向來是逃避認眞的辯論，而用標籤式的人身攻擊法，罵一聲「資產階級的走狗」就完事了。至於非馬克思正統的社會主義者，雖不一定這麼偏執狂妄，給對方的標籤雖也比較客氣而用「保守分子」或「頑固保守分子」這類名詞，但他們對於人類社會的演化和現代大社會（海耶克稱之爲「延遠流長的秩序」）之賴以形成的複雜多變因素，都缺乏正確的認知。他們的原始動機，雖不外爲人群謀福利，但由於認知上有些關鍵性的錯誤，方法上也就錯誤到走向奴役之路而與他們的原始動機恰好相反。海耶克的那個最後願望，應是要針對這些人的錯誤認知一一指出，並與他們面對面辯個明白。

海耶克準備辯論備忘錄的一九七八年，也是他在抱病中趕寫最後一部巨著《法、立法與自由》第三卷的時候，而十年後的一九八八年，海耶克更是衰老病重，他還竭力把這份辯論稿整理成書，而以《不要命的自負——社會主義的種種錯誤》（*The Fatal Conceit—The Errors of Socialism*）書名出版。雖然一般的社會主義者和傾向於社會主義的人士失去了一個聆聽被啓迪的機會，但這本書卻補足了缺憾，讓人們可以讀到海耶克反社會主義的總結論。

這本書分量不算多（不到兩百頁），卻充分呈現出海耶克大半生積累形成的完整反社會主義理論。海耶克特別著重第五章，也以本章標題作爲這本書的書名。雖然本書是海耶克爲辯論而準備的題材，但由於充滿抽象的思考，讀者們或許會覺得艱澀，不過，用海耶克常講的「我們生活於其中的二十世紀，是個迷信的世紀」，這句話可作爲簡約且淺化的內容。

海耶克的這句話是說，二十世紀的知識分子大都接受「唯理主義」或相信「科學萬能」，弔詭的是，執著這種想法者卻都自以爲是「迷信的破除者」，是「反迷信」的。海耶克乃不得不特別著力說明這種「反迷信」的本身，卻成爲世紀的大迷信。因爲唯理主義者過分相信個人的理智力，凡非理智所計畫的、所充分了解的任何事物，都被他們蔑視，甚至被認爲不該存在。

循著這一思路前進，於是就主張：爲使我們社會的一切醜惡事情變得美好，只有憑我們的理智來設計創造。這一思路可以說是道德熱情灼傷了認知能力。其開始鋪路，早在二十世紀之前，到了二十世紀，走上這一思路的人暴增，因爲科技有了更驚人的發展，科學萬能的「科學迷」擠上來的更多。他們親眼看到有人登上月球，又安然返回地面。連自古相傳的嫦娥奔月神話，都能夢幻成眞，還有什麼不可能實現的理想呢？人間天堂的理想爲什麼不可憑我們的設計來創造呢？

這種狂妄不要命的自負，在二十世紀初居然有機會使蘇聯成爲一個大的試驗場。在七十多年的試驗期中，先後走上馬列主義所導向的天堂之路，終於淪爲人間煉獄的地區，大約占有半個世界。由於蘇聯的解體與變質，熱的剛性的社會主義已失去領導中心，以前那些極權的政經體制，紛紛宣稱或試行轉向民主政治與自由經濟。但另一方面，二十世紀三〇年代卻又興起一股鼓舞人心的經濟思潮，其動機在挽救資本主義免被社會主義摧毀，因而宣稱其理想目標爲「福利國家」。

福利國的藍圖，由凱因斯學派的經濟工程師們集體創作。這類藍圖在已開發和開發中國家都採用，樣式雖不同，對市場機能扭曲的程度也不一樣，但以通貨膨脹、貨幣寬鬆爲手段，以便於搞中央計畫則爲一致。臺灣也不例外，全民保險、年金、全民健保、基本工資、公平交易法……。這些措施都獲得熱心社會福利的知識分子支持，但這些政策措施漸進釀成的後果，卻是一般知識分子所不加思索或無法思索的，於是「奴役之路」也悄悄走上了。

海耶克在本書中總結了他對社會主義的危害之警示，近十萬字的這本書，分成九章，七篇附錄。這九章的標題分別是：1.本能與理智中間、2.自由、財產權與公道的起源、3.市場秩序的演化：貿易與文明、4.本能和理智的反叛、5.不要命的自負、6.貨幣與貿易的神奇世界、7.我們的語言中了毒、8.延遠的秩序與人口成長、9.宗教與傳統的諸守護者。而七篇附錄的標題分別是：1.「自然的」與「人造的」、2.人類互動問題的複雜性、3.時間因素和各種結構的出現與複製、4.疏離感，退出者與寄生者的權利主張、5.遊戲——學習行爲規範的道場、6.對人口經濟學與人口人類學的看法、7.迷信與傳統的保全。

由這些標題就可看出海耶克爲闡釋市場秩序的功能，以駁斥社會主義的謬誤而涉及的學術部門之廣之深。他完全了解社會主義者心存善良，更透徹地探索出社會主義倫理的根源，更進而論究市場秩序（俗稱資本主義）的倫理是如何發展，以及在這兩種倫理的衝突中，爲什麼社會主義在理論和事實方面都站不住，卻還有許多聰明高潔的知識分子仍然嚮往，而市場秩序仍然是學術界的冷門。由海耶克的這本書，當可或多或少疏解此疑惑。

海耶克爲使本書能有「宣言示」效果，下筆時避免艱深的析理，不用注腳，希望一般讀者樂於閱讀。同時，海耶克也顧及專家們喜歡的精緻論析，但一般讀者卻厭煩，乃在正文中以特殊小號字排出，這些一般讀者可省略不看，但也不至於看不懂或有所誤失。

以上是關於海耶克對現代政治經濟思潮所支持的經濟社會政策所提出的一般性論評，他也對若干各個問題作檢討，可分成貨幣和稅課兩大主題，而財富分配、儲蓄與投資、通貨膨脹與緊縮，以及就業等問題，也圍繞著這兩大主題附帶提及。

五、累進稅率所得稅

現代政府用累進稅率徵課的稅並不限於所得稅，但海耶克只對所得稅來檢討累進徵課，乃因所得稅收入占全部稅收的絕大部分，而且累進徵課的後果，發生於所得稅者，也大都發生於其他各稅，雖有些不同，但輕微得不必討論。

海耶克雖以累進的所得稅作爲主題，他卻並不認爲所得稅絕對不能以任何累進稅率來徵課。他所反對者，只是整個稅制的累進。整個稅制之所以累進，是由於現行的累進所得稅具有趨於過高的本性，以至抵消許多間接稅的累退作用，使得整個稅制高度的累進。若所得稅的累進只是爲了抵消間接稅的累退，則某種累進的所得稅有其存在理由，也才可與自由經濟制度相容。海耶克提出了一個可行的「遞減的所得稅累進稅率」，一方面與自由經濟可以相容，另方面又可抵消間接稅累退的效果，且不致使整個稅制成爲累進。

累進課稅被認爲是現代文明的特徵之一而受重視，其實它和福利政策一樣，是在一些虛偽的託辭或錯誤的推理下流行起來的。當法國大革命以及一八四八年的前幾年，社會主義狂潮澎湃之際，鼓吹累進稅者，坦白地把它當作重新分配所得的一個手段。馬克思和恩格斯合寫的〈共產黨宣言〉，更明白主張在革命的第一階段以後，無產階級的政權要用高所得稅逐漸奪取資產階級的所有資本，將一切生產工具集中在中央的控制下。當時堅決反對累進課稅的，以馬克可拉（J. R. McCulloch）和約翰・密爾（J. S. Mill）爲代表。前者認爲若放棄比例原則而採累進稅率，就如航海的船隻放棄方向和羅盤；後者則認爲累進稅率是「一種溫和的掠奪」。

經由自由主義者的反擊後，累進課稅換以新方式鼓吹，從「所得重分配」轉爲「量能課稅」（Ability to Pay）。該理論的基本論據，是邊際效用遞減法則，將之應用到貨幣所得：年收入十萬元的某甲，納稅一百元之後所感覺的邊際效用之減少，比年所得一萬元的某乙，納稅十元之後所感受的邊際效用之減少，要小得多。所以，若對某乙課十元，對某甲應課一百元以上，才可使甲、乙二人納稅後的效用損失相等。

應用效用分析後，累進課稅看起來很科學，有一段時間財政學教科書大都接受該理論來支持累進課稅。雖然只有極少數人對其作嚴厲批評並反對，卻起了很大效果，那些被視爲有科學根據而用數學符號和曲線表示的概念，已被推翻。畢竟「效用」是主觀的，各個人的效用既無法計量，也不能比較，怎可能做到「平等」呢？而且用來解釋個人對個別財產和勞務的邊際效用遞減法則，能否用在貨幣所得，也大有疑義，任何個人恐怕都不太會說「我的錢太多了」，應該巴不得「多多益善」呢！我們可以相信，一塊錢的效用，對於千元收入者比百元收入者會小些，但沒有理由確信，十塊錢的效用，對於千元收入者比一塊錢的效用對於百元收入者會小些。那麼，還有什麼理由一定要放棄比例稅率，而採用累進稅率呢？

累進課稅所造成的不良經濟後果，主要是因其課稅沒有一個確定標準，完全是任意的。若接受累進稅，則稅率的任何增進，也就無所不可，其止境，也就是最後一級的稅率會是百分之百。事實上，由於徵課累進所得稅所引起的實質所得之減少，遠比稅收之增加要大得多。海耶克比較累進稅率和比例稅率，後者的優點是課稅前後，各種不同的勞務所賺取的淨報酬，彼此間的相對關係維持不變，但累進稅率則不然，會使相對關係變動很大。這個區別非常重要，因爲人們之所以使用某些資源去從事某些經濟活動，決定於這些活動可獲得的淨報酬。在一個自由社會裡，各種勞務淨報酬及其相對關係，是由市場決定的。爲使資源有效使用，各種決定於市場的相對關係，不應受課稅的影響而變，否則資源配置就會扭曲，社會的實質所得就受損。

高的累進所得稅對「分工」會產生不利影響，而分工是亞當·史密斯在《原富》這本經典裡明白提出的「增進人類財富」（或經濟成長、經濟發展）最根本動力。以實例來說明累進所得稅對分工的影響，例如：有位英國第一流作家，其邊際所得已到適用最高稅率百分之九十七又二分之一（英國所得稅的最高稅率），如果他再賺二百鎊的稿費，每鎊納稅十九先令六便士之後，淨所得只有五鎊，還不夠支付僱用一位工人做烹飪、灑掃的工作，此時他就會放棄寫作，自己來做這些事。如此一來，社會上少了一篇本來可以出現的優良著作，工人少了一筆本來可以賺得的工資，而這位作家用他寫作的手來做烹飪和灑掃，也當然不如專業工人做得好。由這個簡例可推想出，由於高累進稅之破壞分工，所引起的社會總損失是何其之大！

累進所得稅對長期有風險的投資很不利，而某些人之所以從事這類投資，是希望賺取較多的利潤以補償風險的承擔，這也正是企業家的精神。企業家的成功者賺得更大資本，失敗者賠掉其資本。成功與失敗者之間的資本重分配，是符合社會利益的。一般而言，成功與失敗都不是偶然的。在一個自由市場裡，成敗決定於衆多的消費者。企業家要爭取消費者，必須時時求新並減低成本、提高品質，亦即要有效地使用資本。社會的有限資本，從失敗者移至成功者，也就是從不善於使用者轉至有效使用者，這也是經濟發展的促動力。累進所得稅打擊了企業家精神，也就損害了這種促動力。海耶克的這個觀察，比一般人只注意到資本形成，而未注意資本形成當事人，更是深入一層。

由於資本形成受到影響，引起一個更嚴重的後果，此即競爭受到了限制。既存的公司行號相互問的競爭，只是競爭的一方面，在自由社會中，他們也時刻害怕新來的競爭，新來的競爭，來自個人資本的大量累積。若個人不能累積大量資本，則新的競爭者就不會出現。現行的累進所得稅雖也妨害既存公司的資本累積，但也保障了他們的既有地位，使其免於新來的競爭，這又是累進所得稅的一個不良經濟效果。

更嚴重和更矛盾的一種後果是：累進稅率不但延續既存的不平等，而且消滅了自由社會對於不平等的一個最重要的補償，這與主張累進稅率者認爲的減輕不平等正好相反。在一個自由社會中，富有者並不是一個封閉集團，有才智、有作爲的人，都有機會在一個相當短的時期成爲富人。但在高累進所得稅下，白手起家的機會就大爲減少，甚至於消失。以「私產」作基礎的自由社會，應讓任何有才能、有作爲的人有增加財富的可能；若無此可能，則那些本來可成爲傑出資本家的人，必會成爲富人之敵，其後果對一個自由社會的影響是很嚴重的。

海耶克指出，累進課稅問題終究是個倫理的問題。在一個民主社會，如果大家對上文所述的那些後果充分了解後，累進所得稅制是否得到支持是一個實際的問題，由於嫉妒心作祟，往往會被支持。海耶克提出一個積極性建議，此即以「遞減的累進稅率」替代累進稅率。關於免稅額，則依最低生活費用水準酌定。至於稅率，海耶克提出一個原則：與全部租稅負擔占國民所得比重產生關聯。例如：全部稅賦占國民所得百分之二十五時，稅率以不超過百分之二十五爲原則。其優點有二，一是實際稅率永遠不會超過法定稅率這一極限，二是實際稅率隨所得之增加而自動累進。當然這兩個優點是來自法定的一致稅率和免稅額的作用，但法定的一致稅率要與全部租稅負擔發生關聯，免稅額要按當時的最低生活費用水準，這都有客觀依據並非任意規定的。

六、貨幣思想和金融政策

在市場經濟社會，作爲交易媒介的貨幣之重要性無與倫比，經濟學專業者對它的了解應比一般人深入，但像享有極高聲譽的凱因斯，雖也一再強調這點，卻因爲他的《一般理論》偏重於充分就業，以至於他的信徒們有的進一步偏到輕視幣制的穩定，而成爲「通貨膨脹主義者」（Inflationalist）。他們的主張迎合了政治權力自我擴充的傾向，於是長期通貨膨脹的趨勢乃形成，在此情況下，極權統治將出現，而個人自由將窒息或消失，這是海耶克深感憂心的。

自一九四一年開始，海耶克表面上雖然沒有明確地對貨幣理論表示過重要看法，其實終其一生，海耶克認爲他所談的哲理都離不開貨幣，上文既已陳述過海耶克的市場理論，接著就可進入海耶克的貨幣世界。以下所述大都摘自海耶克在其最後一本著作《不要命的自負》當中的言論。

海耶克認爲一般人對於不懂的事物，往往因猜忌而產生厭惡的心理。對於貨幣，以及種種以貨幣爲依據的金融機構感到厭惡，就是這樣產生的一種心理，尤其因爲貨幣與金融是高等文明秩序中最爲抽象的機制，所以這種厭惡心理也就更爲強烈。貿易倚賴貨幣與金融，透過貨幣與金融的媒介傳導、個別特定的交易行爲，可以在最遙遠的地方，以最間接的方式，造成種種最爲一般化，而且也最不容易理解的影響。合作秩序若要延遠，就必須借助於貨幣與金融，但，貨幣與金融也將使引導人群合作的種種機制，覆蓋在一層難以穿透的濃霧之中。一旦以物易物被以貨幣爲媒介的間接交易所取代，原本還可以理解的事物便消失不見了，且代之而起的種種抽象的人際互動過程中，即使是最有洞察力的人，也無法全盤理解。就是因爲如此，海耶克才說，貨幣，或者說我們平常所使用的「金錢」，是所有事物當中最難理解的東西，海耶克還將之比作「性」，是人類最不可理喻的幻想所投注的對象；貨幣和「性」一樣，同時令人陶醉、令人迷惘，而且受人排斥。

討論貨幣的文獻，也許比討論其他任何單一主題的文獻，都要多上許多。然而，很早以前就有人宣稱，沒有別的主題，即使包括愛情在內，曾經驅使更多的人瘋狂；稍微熟悉貨幣類文獻的人，一定可以了解此人的心情。對於金錢既愛又恨的心理，也許更爲常見：金錢是自由最有力的寶貝，同時也是最爲邪惡的壓迫工具。此一最廣泛流通的交易媒介，在一般人的心中，全面喚起了一種焦慮不安——那種因爲置身於無法理解的過程而有的不確定感，而一般人對此又是愛恨交加，因爲他們熱切地渴望得到此一過程的某些效果，但是對於其他與這些可欲的效果一起到來、不可分割的效果，卻又恨之入骨。

海耶克認爲貨幣與信用系統的運行，就像語言或道德那樣，是一種自化的秩序，而解釋這種秩序的理論，又是最不容易求得圓滿的。因此，貨幣專家們至今仍然對一些重大的問題爭論不休。有些這方面的專家甚至已經認命，不再追求圓滿，因爲在他們看來，各種細節必然都無法被察覺，而整個秩序又是如此的複雜，以致於如果能夠抽象地說明貨幣秩序以自化形成的種種原則，我們就應當感到心滿意足。這種抽象的原則性說明，儘管帶給我們很多重要的啓示，卻沒有辦法預測任何具體詳細的結果。

貨幣與金融不僅讓專業學者感到苦惱，道德家們對於貨幣與金融的猜忌也是沒有一刻鬆懈的。貨幣與金融好比是萬能工具，誰掌有了它，誰就有力量，能夠以最不著痕跡的方式，實現或影響最多種類的目的。對於這個萬能的工具，海耶克舉出兩個讓道德家猜忌的理由。一是雖然一般人一看就明白許多別的財富項目被用來作了些什麼事；但，我們通常無法分辨使用貨幣究竟給自己或別人帶來什麼具體的影響。二是即使在某些情況下，貨幣所造成的影響可以分辨出來，但貨幣雖然可以用來行善，也同樣可以用來爲惡。因此，對於有錢人來說，金錢之功用在於其萬能；然而，對於道德家而言，正因爲金錢萬能，所以金錢更不值得信任。而且，經由巧妙地運用貨幣，進而取得的巨大利益，看起來一如商業買賣，和體力付出無關，也看不出有什麼其他的功德，甚至就像「純粹紙上交易」一語所表達的那樣，毫無實質基礎。

海耶克問說，如果各種工匠因爲改變了物質形狀而令人驚惶，如果商人因爲改變了無形的價值而令人恐懼，那麼運用最爲抽象，而且最無實質基礎的經濟制度，造成種種無法分辨之影響的銀行家，會有多令人驚懼呢？是不是如此一來整個事態的發展就達到了一個頂點，而在這個漸進發展的過程當中，具體看得見的目的與手段，逐漸被抽象的概念所取代，被用來形塑種種規範，引導我們日常的活動。而貨幣與金融機構，似乎不是可以理解、值得讚佩的實質造化範圍之內，而是在具體幻滅、抓不住的抽象主宰一切的空寂之中。貨幣就是這樣讓貨幣專家們感到迷惑，同時也讓道德家們感到憤怒，這兩種人都因爲發覺，整個事態的發展已經超出了我們能力關照得到的範圍，以及因爲我們已經不再能夠控制我們賴以生存的事態發展順序，而感到震驚。似乎一切都已經超出我們的掌控，難怪有人談起貨幣，往往措辭強烈，乃至誇張。事實上現在還有許多人，相信借錢取息和謀殺一樣壞。而且我們不是還時常聽到「現金交易關係」、「不義之財」、「貪婪的本能」，以及「唯利是圖者」等，暗含鄙視金錢的字眼嗎？

上文提過，海耶克認爲貨幣制度就像道德、法律、語言，以及各種生物那樣，也是來自於自化的秩序，因此，也同樣受到變異與演化選擇過程的淬鍊。然而，貨幣制度終究卻是在所有自化成長的結構當中，最不令人滿意的產物。海耶克舉例說，自從基本上含有自動調整機制的國際金本位制，在專家們的指導下，被由政府刻意操縱的「貨幣政策」取代之後，迄今已過將近七十年；但，很少人敢說，在這段期間中，貨幣制度的運作有任何改進（當年是一九八八年，迄二〇二二年又已過三十四年，貨幣制度的運作非但不見改進，各國政府的管制力更增強，量化寬鬆（QE）政策濫發貨幣更囂張，官商勾結更細膩，全球貨幣戰爭更猖獗）。事實上，根據人類過去的經驗，貨幣確實不值得信任，但不是因爲一般人所設想的那些理由而不值得信任。而是因爲貨幣經歷過的演化選擇過程，比別種制度受到更多的干擾；由於受到政府壟斷貨幣，阻撓市場競爭進行各種試驗的影響，演化選擇機制在貨幣方面，未曾充分發揮作用。海耶克進一步說，在政府的照顧之下，貨幣制度已經發展到非常複雜的地步了。然而，在此一發展過程中，由於政府從中作梗，幾乎沒有市場試驗，也很少讓市場自由選擇可能適合它的制度。因此，我們到今天還不太清楚什麼是好的貨幣，也不知道貨幣可以好到什麼程度。

其實，政府對貨幣發展的干擾與壟斷，並不是最近才開始的，幾乎在鑄幣開始被市場選作普遍接受的交易媒介時，政府的干擾就不斷地發生了。海耶克嚴厲地指責說，沒有貨幣，延遠的自由合作秩序就無法運行，但，貨幣幾乎自始就遭到政府無恥的摧殘，以致它竟然變成延遠的人類合作秩序當中，干擾各種自動調適過程的主要亂源。除了少數幾個幸運的短暫時期，整個政府管理貨幣的歷史，簡直就是一部詐欺和矇騙的歷史。在這方面，海耶克已經證實，政府自己比任何在競爭的市場裡提供各種貨幣的私人機構，都來得更不道德。海耶克說過不少次，如果政府不再壟斷貨幣，則市場經濟的潛能也許會有更大的發展空間。

總而言之，海耶克認爲長久以來一般人對於「金錢上的考量」之所以有負面的看法，乃是因爲他們不知道延遠的人群合作秩序，以及計算一般市場價值時，都少不了貨幣。如果沒有貨幣，則互相合作就不可能延伸到超出個人感覺的範圍。同樣地，就是因爲有了貨幣的幫忙，所以各種合作的機會才擴大到了一般人無法解釋，乃至無法辨識的地步。但因爲政府干擾貨幣、壟斷貨幣，使人類的發展受到了限制，貨幣的鬆綁應是人類必須面對的嚴肅課題。二十世紀末比特幣（**Bitcoin**）等的出現，是市場競爭對政府管制的反動及挑戰。

第四章　蒙貝勒蘭學會

——一個崇尚自由經濟的學會，兼爲資本主義辨正

一九八八年八月三十日，以一九八六年諾貝爾經濟學獎得主布坎南（James Buchanan）爲主要組成成員的蒙貝勒蘭學會（the Mont Pelerin Society，簡稱MPS）在臺北舉行爲期三天的特別會議，並由布坎南做一次公開演講。當時臺灣上空正高喊經濟自由化，以致標榜「自由經濟」的該學會之特別會議，受到朝野相當重視。其實，該學會曾於一九七八年八月底在臺北開過一次特別會議，但未引起學術界應有的重視。

一、MPS的成立過程

已故的自由經濟前輩夏道平先生認爲，MPS這個具有特別性的國際民間學術團體，對於社會科學和人文學科的重要性，遠高於諾貝爾獎，但其知名度卻遠遠不及，這是我們生活於二十和二十一世紀的一大不幸，很有必要介紹給當今地球人知曉。該學會由海耶克主導產生，我們就由該學會的爲何出現談起。

海耶克認爲，自從第一次世界大戰結束以來，自由主義精神的傳統幾乎已消失殆盡。他所說的自由主義指的是「古典自由主義」，亦即十九世紀的歐洲自由主義，與當前美國所稱的自由主義完全不同。簡言之，古典自由主義者主張個人自由不受任何方式之外力的干預，特別是來自政府的干預。美國的自由主義者則認爲，政府爲了達成各種公共目的，可對個人經濟活動作干預，以限制個人自由。到一九三〇年代世界經濟大恐慌之後，對於古典自由主義以市場機制解決經濟問題的能力之信心，就更爲脆弱了。

一九四〇年代出現四本名著，針對資本主義與其自由市場制度的前途作探討。先是熊彼德在一九四二年出版的《資本主義、社會主義與民主》（*Capitalism Socialism and Democracy*），他認爲資本主義由於太過於成功輝煌，經由知識分子的批評與鼓動而終結，最後由社會主義替代。接著是卜蘭尼（Karl Polanyi）在一九四四年出版的《巨大的轉型》（*The Great Transformation*），他認爲資本主義已死亡，而一種自發的社會管理制度早在十九世紀就出現，使自由放任不能成爲經濟政策的理論基礎。同樣在一九四四年，貝佛里奇出版《自由社會中的充分就業》（*Full Employment in a Free Society*），指出若不透過國家政府的擴展，充分就業是無法達成的，而在這樣的國家中，自由是能保全的。

與這三本著作不同的是，海耶克也是在一九四四年出版的《到奴役之路》，他認爲自發運作的市場經濟制度即使稍作干預，可能使個人自由喪失並產生極權政治，也就等於走上奴役之路。他看到當時西方社會都有通往奴役之路的可能，特別是英國。海耶克認爲這種結果是可以避免的，前提是人們都能及時認清他們所努力追求的將會引領他們往何處去，他不相信社會主義必會出現。

海耶克也跟熊彼德一樣，很重視知識分子的力量，他認爲當時自由主義的聲勢雖微弱，但社會主義也沒有主導青年的思想，何況自由主義的命脈並未斷絕。早在第一次世界大戰以後，仍有一群篤信自由主義核心思想的人物分散在西方世界各地，各自從事他們的學術工作，努力將之發揚光大。海耶克舉出兩個主要人物爲證。

第一位是英國的肯南教授，他在經濟政策方面的著述雖不多，但其《一個經濟學家的抗議》（*An Economist's Protest*, 1927）一書卻膾炙人口。不過，肯南的最重大貢獻是在教學方面，在其主持經濟部門教學下，培養出許多傑出的經濟學家，使倫敦大學政治經濟學院成爲古典自由主義重鎮，他最出色的學生就是羅賓斯。上文已提過，羅賓斯主持倫敦大學政治經濟學院時將海耶克找了過去，而他主持該學院長達二十二年；另一位出色的學生是普蘭特，他在倫敦大學政治經濟學院也教了二十二年，和肯南一樣，普蘭特也不喜歡發表論文，但他在私產研究上頗傑出。

第二位是米塞斯，他是奧國學派的第二代掌門人，在第一次世界大戰爆發前，已是著名的貨幣學家，大戰結束後不久，米塞斯開始撰寫批評社會主義的著作，一九二二年以《社會主義》（*Socialism*）爲名出版。一九四一年，米塞斯又寫出一本曠世巨著《人的行爲》（*Human Action*），這是一本很成功的經濟理論經典，超越狹義經濟學範疇，擴及社會科學探索的基礎。米塞斯對自由主義的最重大貢獻是培育出一群卓越的學者，如海耶克、哈勃勒、馬哈祿普等人。

米塞斯不只對英倫學者有影響力，也影響了一群美國學者。這群美國學者都屬於芝加哥學派，其領袖是奈特（F. Knight），他在一九二一年出版《風險，不確定性與利潤》（*Risk, Uncertainty and Profits*）一書，成爲非常重要的經濟理論教科書。奈特也發表了多篇探討經濟決策與社會哲學問題的論文。有一則關於奈特的軼事，是這樣的：有位芝加哥大學畢業的學生，有一次返校探望其讀芝加哥大學經濟學系的兒子，看到考試題目竟然和他當學生時相同，不免覺得奈特老師太懶惰，但奈特卻如此回答：「試題雖相同，答案卻有異。」

海耶克這樣說：「這絕非溢美之詞，幾乎美國所有懂並揭櫫競爭市場制度的年輕經濟學家，都曾經是奈特的學生。」西蒙斯（Henry Simons）是奈特的最出色學生，其在一九三四年著作《自由放任的實是計畫》（*Positive Program for Laissez Fair*），是美國青年自由主義者在追求自由主義眞諦過程中，一個新的共同基礎。一八九九年出生的西蒙斯，一九四六年悲劇性死亡（史蒂格勒的形容），短短四十七年的生命卻有重大的成就和貢獻。他先在密西根大學（University of Michigan）攻讀經濟學，一九二〇年獲學士學位，他是經濟學的優等生，卻是差勁的會計學生。一九二一年西蒙斯到愛荷華大學（University of Iowa）擔任經濟學原理和行政助理，就在那裡遇到奈特，終於成爲奈特的大弟子。

一九二二年夏天，西蒙斯在哥倫比亞大學嘗試攻讀博士學位，之後轉至芝加哥大學，開始構思有關個人所得稅的論文，當他在一九二七年跟隨奈特到芝加哥大學擔任講師期間，獲得一個留職停薪機會，於一九二八年上半年到德國柏林大學遊學，下半年回到芝加哥大學擔任助教授終其一生。西蒙斯是個散漫無目標的學生，他沒考過學科考試，直到一九三二年，也只發表過三篇書評，道格拉斯（Paul Douglas）率先強烈反對在一九三二年繼續聘用他。西蒙斯的主要、可能也是唯一的，沒理由、且不妥協而成功的衛護者，就是奈特。事後證明奈特慧眼獨具，因爲此後西蒙斯發表了多篇非常重要的論文。在自由主義捍衛方面，最重要的無疑是《自由放任的實是計畫》，它是西蒙斯的宣言，它涵蓋所有他在其後十年所闡釋的重要理念。這些完成於一九三〇年代最嚴重經濟蕭條時期的文獻，長久以來對西方社會有時代意義，畢竟我們絕不想走回頭路再陷入深淵。

《自由放任的實是計畫》裡的中心哲學是高度的個人主義。西蒙斯相信保有個人自由相當重要，絕大部分的經濟生活都可由私人競爭運作。不過，在此觀念下，政府仍有不少重要且複雜的功能，西蒙斯列出六項：一是以限制最少的法律和反托拉斯政策，追求最大程度競爭之環境；二是自然獨占事業歸諸公營（若可能，由地方政府經營較佳）；三是嚴格限制廣告和促銷行爲；四是排除關稅障礙；五是排除長期債券以外所有形式的政府負債和短期信用以外的幾乎所有形式的私人負債，以強化貨幣政策的功效，且排除景氣不佳時強制清算資產的後果；六是貨幣當局應承諾維持貨幣數量或價值的穩定。

這六項的政策除了廣告規範外，都是保持大且有效率的私人部門之必要做法。西蒙斯另外附加一項獨立的政策見解：所得分配之平均化。他用巧妙簡易的分析法，說明可透過個人所得稅來達成此目標。此一所得均化的見解是西蒙斯與其他保守經濟學家的不同之處，而且可確實將西蒙斯歸諸於了解價格理論的現代自由主義者。

其他著名的芝加哥學派學者有范納（J. Viner）、敏斯（L. Mints）、弗利曼（M. Friedman，一九七六年諾貝爾經濟學獎得主）、史蒂格勒（G. Stigler，一九八二年諾貝爾經濟學獎得主），以及貝克（G. S. Becker，一九九二年諾貝爾經濟學獎得主）等人。

上述英倫、奧地利和美國學者，都直接受到米塞斯的引導而成爲自由主義者，還有一群德國學者自學而成，他們主要是讀了米塞斯的著作。這群人到一九三三年希特勒執政時還沒有很出名，也有一些離開德國到其他地方居住。留在德國的這群人，其中最傑出的是尤肯（Walter Eucken），他在佛萊堡大學任教，默默地爲宣揚自由主義而努力。另一位是洛卜克（Wilheln Röpke），他在一九三三年離開德國，先到土耳其伊斯坦堡，再轉往瑞士日內瓦任教，他是這群人中最活躍、著作最多者，有很高知名度，他對二次大戰後德國之所以能從廢墟中復甦，其倡導的「反管制」能被當政者採行，厥功至偉。

洛卜克有大功於德國，但他始終不走到政治舞臺上亮相，他說：「復興德國，思想家及科學家的責任與政治家同等重要，我還不願擺脫思想家的責任。」洛卜克寫了一本通俗的經濟學名著《自由社會的經濟學》（*Economics of the Free Society*），該書初稿是他在一九三六年逃亡土耳其時寫成的，在國社黨人（the National Socialist）統治奧國之前不久於維也納出版，立即引起極權主義者的特務們密切注意和猜忌，但它還可暫時免於公然禁止發行，而在國社黨的黨徽飄揚的某些地區還可祕密銷售。後來，希特勒的祕密警察「蓋世太保」（Gestapo）終於憑著他們的敏銳觀察，突擊到維也納出版社的隱藏，把尚未銷售的部分全部沒收。因而該書及其作者不得不流亡國外，幸而被瑞士的一家出版商印行，該書有捷克文和匈牙利文的譯本，就在即將出版之際，納粹入侵捷克和匈牙利，於是反極權呼聲的這本書也就被遏抑了。

該書的法文譯本有較好的命運，在一九四〇年五月在巴黎印行，不久之後法國向德軍投降，還好的是該書在德軍入侵前已得到法國政府的出版許可。就憑這一脆弱的保障，巴黎出版商的那位有膽識的女經理，居然能夠在德國特務嚴密偵察之下，用掩飾的手法銷售這本書。無疑地，她也指望德國的檢查人員把它看作一本完全無害的經濟學教科書，而不注意到那裡面隱藏著的對極權政治的反抗精神。這個指望果然實現，不過，對於每個熟悉法文版的人而言，像這樣的掩飾竟能經過那麼多年未被揭穿，眞是一大奇蹟。

儘管該書不能靠廣告或其他方法來推銷，但它第一版很快地賣完。這種奇蹟的一個可靠的解釋是德軍檢查人員的教育程度太低，不懂該書的精義，而那些懂得這本書的德國人，已文明到足以欣賞這本書，以讀到它爲樂而沒有舉發它。後來，的確有許多德國人追述他們在巴黎看到這本書時的快樂心情，他們很慶幸能讀到這本書。該書雖然是特別爲外行的知識分子而寫的經濟學導論，但它也可以作爲大專院校經濟課程的主要課本或補充教材。

除了英倫、奧地利、美國、德國這四群人之外，在義大利還有艾諾第（Luigi Einaudi）等人也是自由主義者，艾諾第後來成爲戰後義大利共和國總統。同時，在法國也有巴黎大學教授洛吉爾（Louis Rougier）等人。早在一九三八年，爲響應當時對美國自由主義者李普曼（Walter Lippmann）所著《美好的社會》（*The Good Society*）一書的出版，所舉辦的一場國際性「李普曼研討會」，出席者共有二十三人，米塞斯和海耶克等人都參與，會後且組織一個「振興自由主義國際中心」。不久之後第二次世界大戰爆發，此一計畫乃胎死腹中，但自由主義的傳統卻始終存於法國學術界。

由上文的敘述，可知自由主義的核心理想一直由散居全球各地的自由主義者所堅持而未幻滅。海耶克這位卓越的經濟學家又是精研自由理論的哲人，且已認定要有機會讓較多的人辨識和接受純正的自由理念，必須有些人在知識上完成一大任務。這項任務，一方面要把歷年來偶然附加在傳統自由理論上而與其原義混淆的一些觀念，統統清除掉；另一方面要敢於面對過分簡化或粗疏的自由主義所一向逃避的實際問題，以及因爲簡化的自由主義變成僵化教條而更顯出的那些實際問題，以求解答。

抱持這個信念已久的海耶克，在其任教英倫（一九三一至一九五〇）的中期，曾與志同道合的少數學人談過。到一九四四年海耶克的《到奴役之路》出版後，接受歐美諸國邀約演講，驚喜地發現「吾道不孤」。他說：「我就曾受邀作過多次演講，當我在美國以及歐洲的旅途中，幾乎每個我所到過的地方，都遇到一些人告訴我他完全同意我的看法，但同時他又感到在觀念上是完全孤立的，甚至沒有人可以共同討論這些意見，這使我有了一個念頭，如何將這些人聚在一起，使各個孤處於一方的人能齊聚一堂。」事實上，他早在一九四四年二月一場對劍橋國王學院之政治研究會的演講中，就已提出這種意見。

散居各國的這些人雖寥寥可數，但對海耶克的這種想法都深有同感，於是一個理想中的學術會議之實現，算是已具備了主觀條件，但最基本的客觀條件經費問題，一時尚不知如何籌措，且此會議的籌劃人卻又堅持不接受任何方面有條件的資助。很幸運地，海耶克的好友洛卜克爲了籌辦一份國際雜誌，以抵抗集體主義之逆流，已與瑞士友人胡諾德博士（Dr. Albert Hunold）籌募了二萬瑞士法郎。但要辦這樣一本雜誌，至少需要十萬瑞士法郎，因而該計畫乃無疾而終，海耶克就設法說服胡諾德，胡諾德則分別說服原來的捐款人，把那筆資金全部轉贈海耶克舉辦一次國際會議，以組織一個國際學會，並重振古典自由主義的思想與制止社會主義擴散的危機。海耶克爲了方便美國人也能前來參加，獲得美國伏爾克基金（Volker Fund）同意贊助他們的旅費。如此一來，經費問題也順利解決了。

就在主客觀條件都具備之際，竟然又節外生枝，發生了傷心事，將海耶克折磨得心灰意冷，幾乎事敗垂成。這傷心事是劍橋的約翰．克萊本爵士（Sir John Clapham）和芝加哥的西蒙斯兩人相繼去世。克萊本是在一九四三年間與海耶克開始談起這個計畫的少數人中最熱心者；西蒙斯這位較年輕的傑出學人，則是海耶克經常與之商討計畫中一切細節的得力助手。在此關鍵時刻，這兩人的先後去世對海耶克的衝擊甚大，不過，該計畫仍能於一九四七年四月一日在瑞士的名山蒙貝勒蘭（the Mont Pelerin）揭開第一次會議的序幕，這件事又凸顯出海耶克自我抑制的毅力和其堅決的責任感。

二、第一次MPS國際會議

這第一次會議爲期十天，海耶克發出五十八份邀請函，結果三十九位出席，涵蓋十個國家學者，十七位美國人最多。被邀請者有部分因健康因素，有的因時間過於匆促已答應其他會議而未能出席，第一天出席者三十六人，後到者三人。其中以經濟學家二十位居多，也有歷史學家和政治學家。就地域而言，十七位來自美國、八位來自英國、四位來自瑞士，法國也有四位，其他則來自義大利、德國、挪威、丹麥、比利時與瑞典，呈現出不平衡。

第一天會議由海耶克擔任主席，並發表一篇開幕詞。十天會議的議程，大致上依海耶克所草擬的通過。其中，海耶克特別強調的，是說我們所謂的「自由企業」與實在的「競爭程序」之間的關係，從這個最重要的問題衍生出的枝節問題，幾乎是無窮盡的，必須在一套完整的自由經濟政策的大綱領下，隨時適當處理。海耶克接著再講到一般經濟學者所認爲與經濟無關，因而最不經意的一些問題，例如：把一切社會現象的發展都看作歷史法則之必然的「宿命論」，否定任何道德標準，只以成敗來分優劣的「歷史相對論」。

這些問題是許多所謂的經濟學家們所不注意的，他們雖有的被稱爲「自由分子」，事實上他們所講的自由主義，大多是把政府的經濟政策，漸漸導向社會主義或國家主義。所以海耶克特別提到這些問題，希望在這次會議中能由多方面和多層次來檢討此流行的知識病。

經過十天正式的與非正式的會議和個人的交談，先決定這一個志趣相投人士的結合，不對外招收會員，須經過原會員的推薦與審核方可參與。對於會名，海耶克提議稱爲「阿克頓—托克維爾學會」（Acton-Tocqueville Society）。阿克頓公爵（Lord John Acton, 一八三四～一九〇二）是英國哲學家，其名言「權力使人腐化，絕對權力絕對腐化」大家琅琅上口，托克維爾（Charles de Tocqueville, 一八一五～一八五九）是法國的政治學家，兩人都是古典自由主義的先驅。海耶克認爲二人的思想正可作爲該會同仁的楷模。但會中曾有不同意見，提出一些不同的名稱，經過一番折衷，最後決定以當時集會的地名爲會名，稱之爲蒙貝勒蘭學會（the Mont Pelerin Society，簡稱爲MPS），並推海耶克爲會長。他擔任此職到一九六〇年，後改任終身名譽會長。

關於學會的宗旨，經過多次討論後，最終採取羅賓斯所擬的文稿，內容如下：

「我們是一群來自歐洲與美國的經濟學家、歷史學家、哲學家，以及其他公眾事務研究者，於一九四七年四月一日至十日集會於瑞士蒙貝勒蘭，討論我們這一時代的危機。我們爲使此類會議得以繼續召開，乃成立本學會，以便作進一步的相互交流，並邀請其他志趣相投人士參與，共同努力。現特將一致同意的宗旨明列於下：

文明的中心價值正陷於危險中，在全世界這一大片土地上，人的尊嚴與自由都已淪喪。在其他地方，他們也經常受到當前政策趨勢發展的威脅。個人與自組之團體的地位日益被專斷力量的擴展所侵犯，甚至西方人最珍視的財產——思想與言論的自由——都被一些教條的傳播所傷害。這些教條所追求的，只是權力的建立，藉以壓制與消除所有不同的意見，但當他們居於少數時，就宣揚他們有被寬容的特權。

本會深信這些發展，是由於否定所有絕對道德標準的歷史觀，以及懷疑法治之需要性的理論愈演愈烈所促成的；本會也深信，對於私有財產與競爭市場的信念之衰微，也助長了這種情勢；因爲如果沒有這些制度所保障的分散之權力與創造精神，很難想像社會能夠維護自由。本會相信凡是本質上是一種意識型態的運動，必須接受知識的辯論，並且具有顛撲不破的正確理想。我們已從此一觀點作了一次檢討，感到在所要討論的問題中，下列數點值得進一步探討。

㈠分析並解釋當前危機的性質，使其他人士都能了解其來自道德與經濟方面的根源。

㈡重新界定國家的功能，致使能將極權與自由的秩序予以明確的區分。

㈢如何重建法治，並確保其發展，使個人與團體不致對他人的自由有所傷害，亦不讓私人權利成爲掠奪權力的基礎。

㈣研究不致傷害市場之功能及其原創力，而建立各種措施之最低標準的可能性。

㈤如何制止歷史的誤用，以免敵視自由的教條有所藉口。

㈥如何創立一個國際秩序，以利維護和平與自由，並且推進和諧的國際經濟關係。

本會不想從事宣傳，也不想建立一個繁瑣的約束性的正統，也不與任何政黨有所聯繫。我們的目的僅在便利具有共同理想與觀念之人士的意見交換，俾能對自由社會的保持與改進有所貢獻。」

三、古典自由主義復興的坎坷路

一個宣揚古典自由主義的國際組織就這樣誕生。海耶克被選爲會長，且連續擔任十三年（一九四七至一九六〇），之後即成爲名譽會長，自此以後每年（偶爾隔一年）都輪流在歐美各地召開年會，有時會在南美、日本、香港、澳洲等地召開，一九七八年和一九八八年也曾到臺北舉行特別會議。會員人數逐漸增加，迄二十一新世紀已超過四百五十人，分布於四十餘國。

以這一人數規模論，當然不能說是「聲勢浩大」，但該會原本就沒有想要以增加人數來擴大自己的聲勢。事實上，早在十多年前就已是這個人數規模，歷年來如果不是故意自我設限，想必人數早已多得多。如上所述，該會的創設主要是想要宏揚古典自由主義，它並不想直接說服一般大衆，而是想影響對於輿論有影響力的人——所謂製造輿論的人，然後由他們去影響一般大衆。因此，該會最關心的一直是這種古典自由主義的基本哲學。從這一意義上而論，它要促成的是一種學術發展，不是政治運動。

但是，儘管如此，在戰後的最初二十多年間，海耶克鑒於世界各主要國家無不相從「經濟成長」與「經濟福利」的追求，結果使政府任務日益擴大，公共支出日益增多，通貨膨脹日益嚴重；而在另一方面，私人活動也就相對地受到約束，乃至受到侵犯。這就不免要使海耶克感到其過去爲維護自由社會所付出的心血都白費了，於是在心裡深處終不免有寂寞之感，而使他不禁興起解散MPS的念頭。這種感懷是他在一九七二年，當該會在發起地紀念成立二十五週年時，站在當日居住的同一旅館陽臺上，親自向三百多名同仁公開承認的。當時施建生教授也在現場，感受到海耶克發言時眞情流露。不過，海耶克當時隨即又說，今天能看到仍有這許多朋友要爲自由的古典理念而奮鬥，其中有的像弗利曼、史蒂格勒這樣仍在國際論壇上再接再厲爲正統的自由主義而謳歌，也就使他不得不再鼓起餘勇繼續努力了。

在另一方面，他們這些年來的努力也不是毫無所獲。實際上，由於他們的不斷宣導，已使許多人士看到，許多經濟問題一經政府參與，不但無法獲得解決，反而變本加厲，這就使他們不得不對政府原有的信念逐漸動搖。這種情勢隨著時間的消逝益發增強，這就使弗利曼要說：「潮流是在轉變了。」結果海耶克畢生宣揚的市場經濟優越性的理念也就得到了更多共鳴，而他自己也終於在一九七四年獲得諾貝爾獎。

接著弗利曼於二年後亦獲此獎，史蒂格勒亦於一九八二年獲此殊榮。一九八六年布坎南、一九八八年法國學者阿雷（Maurice Allais）、一九九一年寇斯（R. Coase）、一九九二年貝克（G. S. Becker）、二〇〇二年史密斯（Vernon L. Smith）等會員，也都獲頒諾貝爾經濟學獎，而二〇一〇年Mario Vargas榮獲諾貝爾文學獎算是最特殊的。

同時，在實際政治方面亦曾有同樣的轉變，首先是同樣相信古典自由主義的英國保守黨一九七〇年在佘契爾夫人（Margaret Thatcher）領導下贏得大選，重掌政權。接著是美國具有相同信仰的共和黨，同年在雷根（Ronald Reagan）領導下勝出而主持大政。足見他們所篤信的古典自由主義的理念，的確已爲許多人所接受，可謂已經復興了。

這種發展顯然使海耶克感到無限的欣慰，我們可從其於一九八四年在巴黎參加MPS年會之閉幕講詞中充分感受到：

「……現在我要轉而提出一個主要的問題：這四十年來我們所揭櫫的這種古典自由主義，究竟發生了些什麼變化？我們當初所發動的這種學術運動，究竟成功了多少？在所有這些年來，我有時因看到某些特殊步驟的採取感到非常興奮，但有時又因看到了許多政府仍在作無謂的干預而感到沮喪。……我必須承認，我們對於實際政治的影響是非常微弱的，但對於思想運動的影響則絕對是基本性的。在當前活躍的年輕一代中，其態度的變化是巨大的。我在五十多年前曾說過，當時仍相信古典自由主義的只是一些老年人，在中年人中就只有少數幾位，在年輕人中則完全沒有。古典意義的自由主義當時就被視爲陳腐的思想，是完全不合時宜的，現在則已完全改變了。我要進一步說，雖然這種哲學思想對於實際政策的推行，影響尚不巨大，但我相信我們至少已對輿論的轉變發揮了很大的貢獻，特別是對年輕人意見的改變。一些二十年前年輕人認爲是不可接受的，現在卻對他們發生極大的影響力。現在若有人問我對於將來的演變是否樂觀時，我會肯定地答覆：『如果政治人物在未來十五年內不將世界毀滅，將來的確是很有希望的。』因爲今天新生的一代已經起來了，他們不但重新發現自由所能引發的物質利益，而且還能體識自由哲學的道德依據。

最後我必須說：『我們的任務絕不直接參與當前政治活動。我說『我們』，我是指我們的學會。我們的學會每個人都是自由國家的公民，我們當然有義務以公民的身分參與政治。但是，我們這個學會則應肩負起重大的任務：就是改變社會的輿論。改變輿論是基本的，因爲我想我們應該承認、應該體認社會階級中，應對過去一百年來所發生的錯誤負責的不是無產階級，而是知識分子。社會主義就是知識分子所創立的、所傳播的。他們動機純正、用心良苦，但他們觸犯了一種眞實的錯誤，就是認爲人類理性非常強烈，足以改造社會，而可使所想達成的目的能夠達成。現在我們當可知道這實是一種學術上的謊言，我將之稱爲『不要命的自負』（Fatal Conceit）。」

是的，一九八〇年代所謂的「蘇東波」（蘇聯、東歐、波蘭）風起雲湧，共產世界紛紛倒向自由經濟，不免讓世人有著「自由主義」勝利的印象，連海耶克都不免沾沾自喜，但事情沒這麼簡單。雖然共產主義試驗七十年被放棄，社會主義、集體主義三十年來，已風雨飄搖，而凱因斯主義在一九七〇年代因停滯膨脹（Stagflation）飽受責難，但當時卻在「自由經濟」招牌下，以「必要時干預」這個弔詭無瑕疵的名詞作擋箭牌而使政府愈見活躍。不但「貨幣國家主義」的地位益形鞏固，政府更在許多方面深入觸角，擴大干預範圍。弗利曼在一九九三年已經警覺到，他在該年二月給臺灣《資本主義與自由》（*Capitalism and Freedom*）中譯本特別寫的序就這樣寫的：

「我很高興，《資本主義與自由》中文版能在臺灣發行。雖然該書英文第一版發行於三十年前，但該書所揭櫫的理念乃是永恆的。那些理念適用於三十年前，也適用於今日的環境，而就某些層次言，可說更切合當前的局勢，政府干預市場的年代已因輿論而有所改變；當年批判政府干預屬於極端且激進的論點如今已廣被接受。儘管如此，政府干預的行爲並未隨著觀念的改變而同等變化。相反的，在美國和其他西方國家，政府的角色自一九六〇年代以來，非但沒有減弱，且有增強之勢，今天的政府花掉國民所得的一大部分，採取更多的管制，且更細膩地干預到個人生活。

……

……共產主義的瓦解使我相信，我們正在進行的任何事情都是正確的。其實不然，似乎我們正努力走向五十年前的共產主義國家之型態，而共產主義國家卻正努力走向七十五年前我們所處的國家之型態。

……

……以美國爲例，我確信反轉目前的方向且改行縮小政府規模和減少侵犯個人事務是極爲迫切的作法。我們的行爲有必要配合我們所說的話。……美國和其他已開發國家的例子顯示，一旦透過市場機能贏得繁榮之後，常有強烈傾向走向社會主義國家之型態，要維持市場機能的運作可能比導入市場機能來得困難。」

弗利曼的確有遠見，他的「一旦透過市場機能贏得繁榮之後，常有強烈傾向走向社會主義國家之型態」眞是一語中的。一九七〇年代的停滯膨脹雖使凱因斯學派受挫，但政府干預與權力的密切結合使政府政策的主導力不消反長。

一九九七年東亞金融風暴和二〇〇八年全球金融海嘯，裙帶資本主義、權貴資本主義紛紛出籠，自由市場受到撻伐，政府管制市場又被大力推崇，而官商勾結、中產階級消失、貧富懸殊惡化等現象，更讓對自由市場的質疑聲響徹雲霄，甚至於有資本主義和自由市場是罪魁禍首的指責，而且也有人附和馬克思當年的說法，認爲資本主義已到自我毀滅的時候了。

四、質疑資本主義自由市場不絕如縷

一九九八年十月，諾貝爾經濟學獎頒給有社會主義傾向的聖恩（Amartya Kumar Sen）時，資本主義又被數落了一次。十年之後相同場景又出現，二〇〇八年諾貝爾經濟學獎頒給素有「左派的良心」、撻伐自由經濟或資本主義不遺餘力的保羅．克魯曼（Paul Krugman）。

其實，歷史上一直都不乏對資本主義的數落。最有名的除馬克思之外，被歸爲奧國學派的熊彼德（Joseph A. Schumpeter, 一八八三～一九五〇）在一九四二年也提出，資本主義因爲發展得太成功，終而產生危機而沒落、毀滅。不過，儘管有關資本主義的種種眾說紛紜，然而有一個關鍵課題卻必須先澄清：大家心目中的「資本主義」到底是什麼？

儘管「資本主義」世人耳熟能詳，但其意義畢竟是模糊不清的，全球知名的產權大師張五常教授早在一九八一年就說：「共產主義、社會主義、毛澤東思想，甚至資本主義，它們的定義，含糊不清。甚至在以嚴謹著稱的經濟學範疇裡，替這些名詞所下的任何定義，也大有問題。」迄今，這個說詞仍是顛撲不破的，雖然充斥著各種對資本主義的批判，但我們卻看不到清晰的資本主義輪廓，似乎每位批判者都樹立一個稻草人來撻伐。

已故自由經濟學前輩夏道平先生一九八八年就曾說過：「『資本主義』這個名詞，是馬克思創造出來，用以概括工業革命初期一切叫人厭惡的現象，作爲攻擊的總目標。從此以後，『資本主義』就在一般人的心目中成爲剝削制度的代名詞，一般人不懂得經濟學，也不熟悉經濟學，遇到訴諸於感官情緒的反資本主義的宣傳，他們就毫無批判地一概接受。」

反資本主義情結根深柢固

那麼，既然「資本主義」這麼模糊，何不設法將之定義清楚，或者乾脆放棄不用，將之徹底埋葬算了。雖然後者較理想，但因「資本主義」這個詞太具吸引力了，根本不可能拋棄，由「黨國資本主義」、「裙帶資本主義」、「超極資本主義」、「創造性資本主義」等名詞的出現，都要加上「資本主義」就可見一斑。那麼，既然無法放棄資本主義這個詞，爲免大家各說各話，還是應該將其做明確定義。

就我來看，夏道平先生說得最好，他說：「資本主義是一種經濟秩序。這種經濟秩序，是以私有財產爲基礎；生產與分配則由市場運作，透過價格體系來決定；政府的經濟功能，只限於提供某些必要的法制架構，使市場能自由順暢地運作而不加干擾。所以我們也把資本主義叫做市場經濟。市場經濟不是什麼偉大人物的精心設計，它是芸芸衆生個別行爲的互動中慢慢自然形成的；高明的社會哲學家只是發現它，了解它的優越性，並進而發展出一套自由經濟的理論體系。」

總之，「資本主義」這個迷人的名詞不可能被丟棄，就應將其眞義做明確的定義和說明，而「私產制度」或「市場經濟」就是最好的代名詞。必須強調，市場經濟的主體是千千萬萬活生生、有靈魂、會思考的「個人」，而在人類有人與人之間互動以來，爲了追求生活的最大滿足，致使「治理這地、生養衆多、遍滿地面」的境界得以達成並維繫，發現市場經濟是最好的制度。

當然，在市場經濟裡充滿了人際間必須遵循的「準則」，我們姑且稱爲「市場規則」或「市場倫理」，而各個行爲人也應該具備身爲「人」的基本修養，如誠信倫理。至於政府這個組織，在市場經濟裡扮演著極其重要角色；簡單地說，是「維護芸芸衆生的生命財產安全」。

但實際生活在「所謂的」市場經濟的人們所看到的社會現象，叫人厭惡或苦惱的，卻愈來愈多。這該怎麼解釋呢？實情是，這不是市場經濟的結果，而是市場運作受到許多違反經濟法則的干擾使然，而干擾的源頭卻弔詭的總是原本該擔任去除阻礙市場運作障礙任務的政府。

誠信倫理失落是金融海嘯根源

對照當今時不時出現的金融風暴，不正是芸芸衆生「不誠信」、破壞市場倫理，而政府沒盡其維護市場規矩、疏忽監理、沒扮演好其角色，甚至官商勾結、黑白兩道掛勾所致嗎？怎可反而責怪資本主義或自由市場呢？

我們知道，二〇〇八年的金融海嘯之所以出現，以及接踵而來的全球性經濟恐慌，「自由市場是禍首」的聲音響徹雲霄，而自由市場或自由經濟往往與「自由放任」劃上等號，也是「資本主義」的同義詞。其遠祖被認爲是亞當·史密斯（Adam Smith, 一七二三～一七九〇），這位有「經濟學之父」美名的蘇格蘭人，由於他的名著《原富》（較爲人熟知的中譯名是《國富論》這個並不合適的書名，原文是*An Inquiry into the Nature and Causes of the Wealth of Nations*，簡稱*The Wealth of Nations*）中，「不可見之手」（Invisible Hand）帶引出「市場機能」的無限威力，在自由市場中，經由「價格」這隻「無形手」（不可見之手）的指引，私利和公益就能妥善調和，各國（或人類）的財富就可增進，全人類的生活福祉也順勢提升。

二百多年來，自由市場理念被認爲是主流，也被認爲就是實行資本主義。概括地說，全人類的福祉的確是增進了，絕大多數地區跳脫了「貧窮的陷阱」，不過，像非洲還有許多「赤貧」（絕對貧窮）的地方，而即使是富裕的先進發達國家，其內部「貧富不均」的現象一直以來被詬病。到二十世紀末，竟然演變爲「中產階級的消失」和「M型社會」、「百分之一富者vs.百分之九十九貧苦者」的恐慌；也就是說，財富集中在少數資本家或企業家手中，甚至於被認爲是經由剝削勞工和其他弱勢者得到的，於是咒罵、攻擊資本家和資本主義的言論，以及各種主義又紛紛出籠。

修正資本主義此起彼落

不過，縱然資本主義被如此的認定，甚至於有「自由市場」資本主義是最糟糕的「經濟制度」的說法，但「其他的制度更糟糕」，更是世人普遍的共識。於是，將資本主義「修正」就大爲流行：有的是推動資本家或企業家做慈善、公益這種好事，而成立基金會作慈善事業更是成爲一窩蜂，晚近「企業社會責任」（CSR）更成爲顯學。有的是創造出新名詞，在「資本主義」之前加上一些形容詞，如「裙帶資本主義」、「放縱資本主義」、「超級資本主義」、「民主資本主義」、「社會資本主義」等，二十一世紀的全球首富比爾．蓋茲，二〇〇八年一月在瑞士達沃斯舉行的年度盛會「世界經濟論壇」演講中，提出「創造性資本主義」（Creative Capitalism）應是很受矚目的名詞。

其實，這些修正都是異曲同工，都是讓企業家幫助窮人，爲窮人做好事。蓋茲的「創造性資本主義」重點在「創造性」，因爲他是高科技巨星，一生從事創新，乃想在「純粹資本主義」中加入一些誘因機制，在原先已有的「獲利」誘因外，再用「表揚」這種「無形的名」來提升公司聲譽，以吸引顧客和優秀員工。在蓋茲眼裡，資本主義以有效且可持續的方式運用「自利」這股力量，但只服務了那些有能力支付的人們，而慈善組織和政府幫助疏通我們對那些沒有能力支付者所寄予的關愛，但在這些人的需要尚未獲滿足前，這類資源就已用罄，蓋茲乃認爲，我們需以一個更好的方式吸引創新者和企業參與此行動的制度，來快速改善窮人的生活，於是他提出「創造性資本主義」。

這個制度是由政府、企業和非營利組織共同努力以延伸「市場力量」觸角，使更多公司能夠賺錢或獲得表揚，並改善世界不均現象。聰明的蓋茲已猜到有人會質疑這種「市場導向社會改革」不可行，質疑把情操（或利他）和自利結合在一起，不但無法延伸市場觸角，反會阻礙市場的擴展，於是他先下手爲強，搬出資本主義之父、堅信自利對社會有大價值（即私利和公益相調和）的亞當．史密斯的最重要作品《道德情感（操）論》（*The Theory of Moral Sentiments*）中，關於人具有「利他心」來抵擋或有的質疑，蓋茲更以微軟在過去二十年從事的慈善行動，來證明他倡導的新制度是可行的。

如何看「創造性資本主義」？

如果只聽蓋茲感性和自信的演說，一時間絕對會受感動並認同蓋茲，但眞的可行嗎？會不會產生不好的負作用呢？《時代》雜誌專欄作家麥克．金斯利（Michael Kinsley）覺得「創造性資本主義」這個名詞涵義不明確，而「在事業經營中納入做好事」，這種將道德層面和物質層面的好生活結合起來，「是否可行」以及「如何行」，更是重大議題，他在此些許慌張不安下，乃公開徵文，邀請素負名望的專家發表看法，結集成*Creative Capitalism*一書在二〇〇八年出版（中文譯本《從貪婪到慈悲》）。

包括威廉．伊斯特利（W. Easterly）、史帝夫．藍思博（S. Landsburg）、麥克．克里默（M. Kremer）、維農．史密斯（V. Smith）、蓋瑞．貝克（G. S. Becker）、羅伯．瑞奇（R. Reich）、理察．波斯納（R. Posner）等認爲傳統的資本主義被誤解，而應回到亞當·史密斯的世界，讓政府做對的事並將該做的事做好，不要干預經濟事務，如此一來兼具自私和利他心的自由人，就能在市場機能的引導下，做獲利和慈善兩者兼得事務，也可在「自助、人助、互助、天助」下，讓貧窮消失或不再出現。

其實，即便在政府做錯事的當今世界，我們信手拈來就可得到例子，蓋茲本人就是一例，而二十世紀的首富洛克斐勒（J. D. Rockfeller）更是很好的例子，他以「信任」（Trust，中譯「托拉斯」）經營「品質標準」的產品（標準石油），將賺得的錢經營龐大的慈善事業，在飽受無情、長期的攻訐和謾罵下，洛克斐勒仍將其巨大財富大都用於慈善事業。他抱持著上帝使者之使命感，從事這項事業，發現其難度甚至比經營企業有過之，也到處顯現出人性醜陋面。一方面是各方貪求無厭的需索，一方面是多方冷言冷語的諷刺。無怪乎洛克斐勒會感慨說，巨富是巨大負擔，是一項沉重責任，不是大福就是大禍。

爲了做好慈善事業，爲免除受補助者的依賴性更深，洛克斐勒提倡「相對基金」理念，尊重專家意見，實施「普及性」社會福利。他在醫療和教育兩類慈善事業上最有成就，所創設的醫學研究所，研發出多項治癒嚴重傳染病的藥方並普及全球，而此研究所促成的洛克斐勒大學，也成爲培育諾貝爾醫學獎的溫床。在教育方面，芝加哥大學這所名校的創辦固然有名，但在基礎教育，尤其是女性和黑人的普及教育上，更值得大書特書。由此兩類慈善事業，可看出洛克斐勒具有「永續發展」的遠見，也可窺知其不在求名，此由他一概謝絕用他的名字作爲機構名稱，更不出席各項落成典禮等行爲也可見端倪。

天下沒有白吃的午餐

值得一提的是，洛克斐勒在行善時，極力避免讓人養成依賴性，他在一九一一年三月十七日曾寫一封信給兒子約翰，就一則指責他吝嗇、捐款不夠多的新聞，以一則寓意「天下沒有白吃的午餐」的故事，來解釋「我很少理會那些乞求錢來解決他們個人問題的理由，更能解釋讓我出錢比讓我賺錢更令我緊張的原因」，該故事的寓意很簡單：「一隻動物要靠人類供給食物時，牠的機智就會被取走，接著牠就麻煩了。同樣的情形也適用於人類，如果你想使一個人殘廢，只要給他一對枴杖再等上幾個月就能達到目的；換句話說，如果在一定時間內你給一個人免費的午餐，他就會養成不勞而獲的習慣。別忘了，每個人在娘胎裡就開始有被『照顧』的需求了。」

洛克斐勒告訴他的兒子說：「資助金錢是一種錯誤的幫助，它會使一個人失去節儉、勤奮的動力，而變得懶惰、不思進取、沒有責任感。更爲重要的是，當你施捨一個人時，你就否定了他的尊嚴，你否定了他的尊嚴，你就搶走了他的命運，這在我看來是極不道德的。作爲富人，我有責任成爲造福於人類的使者，卻不能成爲製造懶人的始作俑者。任何一個人一旦養成習慣，不管是好或壞，習慣就一直占有了他。白吃午餐的習慣不會使一個人步向坦途，只能使他失去贏的機會。而勤奮工作卻是唯一可靠的出路，工作是我們享受成功所支付的代價，財富與幸福要靠努力工作才能得到。」

二〇〇六年諾貝爾和平獎得主尤努斯（M. Yunus）和其創辦的窮人銀行，所秉持的理念和實施方式，與洛克斐勒異曲同工，都要讓窮人有尊嚴，不是給魚吃，只養他一天，而是教窮人捕魚的本領，供養他一生。即使要救濟無力過活的窮人，也要保證能快速且直接交到當事人手上，絕對要避免層層移轉，尤其更不能交由貧窮國家的腐敗政府來負責。

至於類似蓋茲所倡議吸引有理想、不計金錢報酬的優秀人才，從事造福窮人的科技創新工作，有最偉大科學家之稱的愛因斯坦，可作爲模範。他在一九三三年受聘普林斯頓高級研究所時，提出兩個條件，其中之一是「要求低薪」，夠生活之需就好，與另一偉大的發明家愛迪生正好相反，後者「自私自利」，每件發明都爲了賺錢，對工人又極苛刻。雖然兩者迥異，但對人類都有大貢獻，重要的是，他們都在自由經濟、資本主義的世界裡。我們或許可以這樣想像，如果愛迪生能有「利他心」，應該可對人類產生更大貢獻。

在一個不受政府有形之手干預的自由市場裡，壞產品很快會被淘汰，如果人人都自私、自利、貪婪，甚至於欺騙、狡詐，市場就會萎縮、甚至於消失。二〇〇八年金融海嘯就是「信用破產」，讓金融市場崩潰的活例證，是「市場反撲」，怎可本末倒置的說「自由市場是禍首」呢？如果人人具利他心、善心，在自由市場順利完善運作下，應該不會有貧窮的問題！讓我們午夜夢迴捫心自問、從「心」提升吧！

五、馬克思的資本論在二十一世紀還魂

法國經濟學者皮凱提（Thomas Piketty）在二〇一四年出版了一本近七百頁的磚頭書《二十一世紀資本論》（*Capital in Twenty-First Century*），在二〇〇八年諾貝爾經濟學獎得主克魯曼（P. Krugman）熱捧下，成為全球暢銷書。該書不只傳達馬克思《資本論》的相同訊息，且以三百年來的具體數據，標示兩大訊息：一是除非有大規模戰爭和政府的介入，資本的年報酬率約爲百分之四到百分之五，而經濟年成長率僅百分之一．五左右；二是如果一直維持「資本的年報酬率大於經濟成長率」，貧富差距將持續擴大，致富者愈富、貧者愈貧。

皮凱提和他的合作者公布全球貧富差距擴大的研究成果，被認爲讓中產階級認清：放任式市場經濟下的受惠者侷限於富有的百分之十（尤其是最富的百分之一），其他百分之九十的人全是受害者。而二〇〇八年金融海嘯，也被認爲證實了金融市場有其內在的缺陷而無法自行調節，也被認爲違背了主流經濟學的根本假設、進一步摧毀市場萬能的神話，歐美的中產階級因而徹底覺悟，二〇一一年「占領華爾街」運動乃出現。

論者又指出，過去堅決擁護市場機制的國際組織也大幅調整態度。國際貨幣基金（IMF）建議中國和印度，要加稅與提升基本工資，以便創造貧富均霑的發展模式，遏阻貧富差距的擴大。世界銀行資深總監也呼籲各國政府，要創造工作機會並改善勞工待遇，否則「已開發國家的貧富差距將會持續增長，而阻礙消費與經濟的成長。」皮凱提在其書中也提議，對富人課百分之八十重稅和高額遺產稅，來消除所得分配惡化以達「經濟平等」。

這些二十一世紀排山倒海的批判「資本」和「資本主義」，並對自由市場和市場機能嚴厲抨擊的輿論，終究是要讓政府當救世主，要政府負起責任對市場機制作管理與規範，並以稅制來落實財富重分配。平心而論，這些都是老調，也都嚴重扭曲資本、資本主義、市場的本質，並對政府的角色和職能過度幻想，而且對貧富懸殊問題的觀察失焦。上文多處已作了說明，此處再作個歸納。

所謂「資本」一般指機器、設備、廠房，意指增加生產、使生產倍增的因素，如今連人受教育，接受訓練後生產力提升也稱爲「人力資本」，而「社會資本」、「關係資本」等都是資本範圍的擴大，擁有資本者往往對生產的貢獻較大，其報酬也理當較多。不過，資本的獲得及累積是要支付成本的，而且生產出的產品不一定有市場，所以需擔負高風險，因而「資本家」或「企業家」也不是那麼容易當。有必要強調的是，資本的形成大都來自民間的「儲蓄」。問題在於：這些民間自願性儲蓄如何流至資本家或投資者手中？

在自由經濟的自由市場中，是經由金融機構由資金市場來決定，資本家是資金需求者，民間儲蓄者（表面上是金融機構）是資金供給者，經由市場價格（利率）的運作，各個資本家就以「合宜」的利率獲得資金，民間儲蓄者也得到合宜的利息作為報償。當今的問題是：政府為了降低資本家的成本和所謂的「提高總體經濟成長」，而將利率儘量壓低，如今更低到幾近於零。這也就是資本報酬率高於經濟成長率，而人民所得靜止的關鍵。問題的出現正是政府干預政策扭曲市場的結果，怎可怪自由市場？

金融風暴和經濟蕭條所呈現的市場低迷、甚至市場消失，只是顯示「交易清淡」、甚至「無交易」。這種被稱為「市場反撲」的現象，正是要敲醒世人反省檢討做錯了什麼事，怎可反過來指責「市場失靈」呢？

自由市場帶引世人向天堂趨近

說到底，「市場」只是「交易場所」，為了方便交易自然形成的，由於「物物交易」不方便，於是「交易媒介」乃出現，演變到現在，「貨幣」或「金錢」就是最通用的交易媒介。在各個市場中，「價格」是資訊的總和，經由價格的運作，供需雙方的交易行為乃平順進行。不過，由於世人將貨幣擴大為金融資產，以及各式各樣衍生性金融商品紛紛出籠，投機炒作、貪婪、欺騙等行徑猖獗，金融泡沫乃與世人常相左右，經由「五鬼搬運」、「金蟬脫殼」等法術，金錢、財富就集中到少數有權勢者手中，背後正是政府這個最強大「獨占者」，以印鈔票、減免稅、補貼等政策，甚至官商勾結、貪汙舞弊所導致。所以，檢討政府該扮演什麼角色，讓它「做對的事，把對的事做好」才是正道，不要再抹黑市場，更不要胡亂指控自由市場，也不要胡說「自由經濟學者是無政府主義者」，更不要胡亂將「市場萬能」的帽子亂壓在這些學者頭上。

畢竟「人間不是天堂」，人間處處存在「交易成本」，而市場正是降低交易成本的機制，如上文所引夏道平先生的說法，它也不是誰發明創造的，而是人際間「自由演化」來的。讓市場愈自由、愈競爭，交易成本才愈低，但因完全競爭市場在人間是不存在的，所以教科書中所謂的「市場失靈」其實是人間常態，但讓市場愈自由、愈競爭，失靈的程度愈降低，也愈向「神界」趨近，可惜的是，除非人人能修煉成仙，否則永遠達不到神界！

海耶克在一九八四年於MPS年會之開幕講詞是太樂觀了，凱因斯主義並未失敗，社會主義也依然在二十一世紀屹立不搖，這與海耶克於一九九二年就離開人世應有相當關係。畢竟當今人世間已不復見海耶克這樣的人物，而MPS也早已渙散，會員已全然不純正，各路人馬充斥，逐漸淪爲一般性組織。

說到底，當今擁有正道的「眞正經濟學家」難尋，而不爲五斗米折腰的古典自由主義分子幾已死絕。這不禁讓我們更懷念海耶克，也咀嚼他發起、創建的MPS所標榜的精神及理念！

第五章　海耶克、凱因斯與蔣碩傑

一、海耶克與凱因斯的交往過招

凱因斯（John Maynard Keynes, 一八八三～一九四六）雖然離世已久，但迄今仍是被公認爲舉世最有名，甚至是最偉大的經濟學家，他不只有「總體經濟學之父」稱呼，還有「經濟學界的愛因斯坦」、「資本主義的救星」、「戰後繁榮之父」等美稱。他的理想世界是在過去，是愛德華時代的自由主義的世界，他嚮往的是富有人情味的習俗、溫和的方案、有希望的改革的世界，他就是在這樣的世界中長大成人的，凱因斯的氣質是「溫和的」。

凱因斯明確地反對社會主義（經濟生產手段的共有）和共產主義（所有財產的共有）。他是這樣批評馬克思主義的：「我怎麼可能信奉這樣一種學說呢？它青睞爛泥巴而不是魚，它把粗魯的無產階級置於資產階級和知識分子之上，不管後兩者有什麼樣的缺陷，但起碼其生命品質較高，也無疑承載著人類一切進步的種子。」一九三五年，他寫信給蕭伯納（G. B. Shaw）說：「我讀了剛出版的馬克思和恩格斯的通信，讀來毫無進展，……我看得出來，他們發明了某種喋喋不休訴苦方法和一種可鄙的書寫風格。他們的後繼者把這兩點都忠實的繼承下來，但如果你告訴我，他們發現了破解經濟之謎的線索，我卻不相信。我看到的沒有別的，無非是一些過時的好辯而已。」

一九二〇年代的英國經濟與美國不同，美國是「熱鬧滾滾的二〇年代」，英國則是蕭條的歲月，失業率只有一九二七年這一年在百分之十以下。爲何如此？凱因斯的答案是：英國成了一隻僵硬而行動遲緩的巨獸，他認爲英國的十九世紀力量已走完了其自然發展過程，已不再是一個富有成長性的，有活力的經濟機體了。

海耶克在到倫敦大學政治經濟學院演講和教書前的一九二〇年代後期，在倫敦舉行的歐洲各地經濟循環的會議上認識凱因斯。當時，凱因斯是海耶克心目中的一位「英雄」，海耶克說：「凱因斯不就是那位勇敢抗議一九一九年凡爾賽和約中有關經濟條款的人嗎？」海耶克和他那一代年輕的維也納人，都稱讚凱因斯寫了「文采斐然的著作，書中直言無忌，思想獨到。」他們指的是凱因斯一九一九年出版的《和平的經濟後果》（*The Economic Consequences of the Peace*）一書。

凱因斯繼《和平的經濟後果》再出版第二本重要著作《論貨幣改革》（*A Tract on Monetary Reform*, 1923），該書收錄了前三年的文章和演講。依當時人的說法，凱因斯是個「穩定論」者，亦即希望實現國內價格穩定，他認爲，若照《論貨幣改革》對貨幣進行管理，就能實現眞正的突破。凱因斯發表《論貨幣改革》後，發動了一場阻止英國回到戰前金本位制的戰鬥（第一次大戰期間暫時取消金本位制），結果沒成功。

在英國恢復戰前金本位制後，凱因斯撰寫〈邱吉爾先生的經濟後果〉一文批評，邱吉爾就是當時的財政大臣。一九三〇年凱因斯寫了《論貨幣》一書，作爲他自己理論的總結，而該書面世時，情況已有變化，由一九二〇年代英國的蕭條，進到一九三〇年代初更嚴重的全球大蕭條。

海耶克在一九三一年春天應羅賓斯之邀到英國倫敦演講，還被邀對凱因斯的《論貨幣》一書寫書評。當時在海耶克心目中，凱因斯是他敬仰的英雄，《和平的經濟後果》和《論貨幣改革》兩本書讓海耶克欽佩不已，論斷之精闢更讓海耶克折服。一九二九年在「倫敦與劍橋經濟服務社」（London and Cambridge Economic Service）召開的國際會議中，海耶克和凱因斯兩人都參加，這是海耶克第一次親見他久仰的凱因斯，當然是高興不已。但當時討論到利率變動的有效性問題，凱因斯儼然以長輩自居，對海耶克的態度很傲慢，似有「教訓」的意味。不過海耶克認爲，如果凱因斯能提出眞知灼見，他仍然會欣然接受。

海耶克既然答應評論凱因斯的《論貨幣》巨著，自然會詳細閱讀並評斷該書的理論結構。不過，海耶克的用詞非常犀利，如：「對於一位歐陸的經濟學家，這種研究方法並不像對作者那樣的新奇」、「這種表達是如此的困難，如此的系統不明，如此的模糊不清」、「無人能有把握他眞的了解凱因斯先生的意思」。海耶克在文末表示，他在文中所提出的一些批評，都只是希望凱因斯能對之做進一步解釋，其中許多還只是措詞不適切而已。海耶克希望他這樣做不至於被認爲對凱因斯的不敬。他說：「我的目的一直就是想對這本非常困難而又重要的書之了解有所貢獻。我希望我在這方面所做的努力，已足以證明我對這本著作是如何的重視。」

海耶克這篇書評的「上篇」刊在一九三一年八月倫敦大學政治經濟學院出版的《經濟學刊》，正是他到該院任教的前一個月，這對於海耶克在英國學術界地位的建立有所助益。凱因斯等不及書評「下篇」刊出，就立即予以答覆，但其答辯文卻大部分是在批評海耶克的《價格與生產》一書，並沒有就海耶克對《論貨幣》所提出的意見加以答覆。凱因斯寫道：「那本書在我看來，是我讀過的書中最雜亂無章的。從第四十五頁起很少能看到堅實的命題。」海耶克讀後也不甘示弱，提出尖銳的答辯：「不幸的，凱因斯先生的解答在我看來，並沒有對我所提出的諸多疑難加以釐清，我不相信凱因斯先生是想要讓人產生這樣一種印象，他想用這一種對其反對者辱罵的方式，來轉移讀者對其所提出之反對意見的注意。」

凱因斯之所以會在答覆海耶克對其《論貨幣》所作的論評不高興，部分原因在於他覺得以前他對海耶克很友善。比如說，一九二七年初，海耶克曾請凱因斯寄給他一本F. Y. Edgeworth的《數學心理學》（*Mathematical Psychology*），一九二九年海耶克又曾送一本他的任教資格論文，凱因斯對這個不請自來的禮物還寫信道謝，確實是夠友善的了——這是世界最著名的經濟學家，給一個還不到三十歲的年輕人寫的信：「感謝你送的這本書，我對最後一章尤感興趣。不過，我發現你的德文可實在難以搞懂。」

海耶克為什麼要嚴厲地批評凱因斯？部分原因可能受羅賓斯的慫恿，讓他體認到，經由挑戰凱因斯，可以迅速地在英國經濟學界建立自己的地位。羅賓斯邀海耶克寫《論貨幣》評論時，正是羅賓斯和凱因斯在麥克唐納首相召集的經濟學家委員會上激烈爭吵的一個月之後。不過，海耶克無疑地自視甚高，他在一九三一年一月發表了非常成功的演講後，倫敦大學政治經濟學院主動聘任他，接著又出版了他的《價格與生產》，該書也在《經濟學刊》上獲得推介。

一九三一年十一月，凱因斯在《經濟學刊》上對海耶克的書評作回應後，兩人進行了私下通信。凱因斯想釐清海耶克的說法，從一九三一年十二月十日凱因斯寫第一封信，到一九三二年一月二十三日海耶克對凱因斯提出的問題作最後回覆，來來往往各寫了五封信。

之後兩人還都有書信往來，而凱因斯卻對他人表示，其對與海耶克書信來往很厭煩。不過，在海耶克一九四四年發表《到奴役之路》後，凱因斯給海耶克寫了一封往後廣為人知的讚許信，但一開頭凱因斯就先警告說：「你不要指望我會完全接受你書中的那一些經濟學說法。」

海耶克和凱因斯在一九三一年到一九三二年間的思想交流，被人視為一場「論戰」（Debate），實際上只是爭論（Controversy），缺乏論辯，雙方都彼此砲轟而已，並沒有持續的、經過深度思考的、富有成果的觀念交流。雙方都未說服對方改變看法，甚至都沒有能夠說服對方相信自己的見解很有價值。

海耶克的追隨者在倫敦大學政治經濟學院最多，不過，到一九三〇年代後期，幾年前曾信奉海耶克觀念的人，都紛紛投奔凱因斯旗下。一九三〇年代經濟大恐慌，凱因斯的「政府創造有效需求」以解決「大過剩供給」的理論風靡全球，海耶克則一敗塗地。

在一九五二年寫的一篇書評中，海耶克對凱因斯的描寫有助於對其人和其學術思想有更進一步的了解。海耶克這樣寫著：「不論人們對於凱因斯作為經濟學家的評價如何，認識他的人都不會否認，他是他們那一代英國人中最傑出的一位。事實上，他作為一位經濟學家的影響力之所以會那麼廣泛，大約至少在一定程度上是由於他總能給人以深刻印象。由於他的興趣無所不包，由於他的人格的力量和令人信服的魅力，使得人們相信他對經濟學貢獻的原創性和理論上的健全。他的成功很大程度上可以歸功於他把敏銳的心思，與旁人無可匹敵的嫻熟英語語言技巧罕見地融為一體……。他的特點是犀利，而不是深刻和徹底。」

海耶克是這樣形容凱因斯：「他能同時做無數的事情：教經濟學、組織芭蕾舞劇演出、搞金融投機、收藏繪畫、開辦投資信託公司、為劍橋一間學院籌募資金，又是一家保險公司的董事，實際經營著劍橋藝術劇院，親臨劇院關心旅館提供的食物和酒水這樣的細節問題。」凱因斯把海耶克迷住了，其實很多人都被凱因斯迷住了。

在一九三〇年代，海耶克和凱因斯的學術和私人關係並不密切，但在二次大戰期間，倫敦大學政治經濟學院搬到劍橋，他倆才成為私交很好的朋友。不過，在學術上，他們的關係可一點都不密切。一九九一年諾貝爾經濟學獎得主寇斯曾表示，一九三〇年代在倫敦大學政治經濟學院失去支持，對海耶克來說，「一定是非常難過的事情，但他從來不表露出來」。海耶克在一九三〇年代所做的大量專業經濟工作，都是他與凱因斯交鋒的延續，他確信，為了反駁凱因斯的看法，就必須重新研究基本的資本理論。一九四一年海耶克終於寫成了《純粹資本理論》（*The Pure Theory of Capital*），而該書也是他在經濟學上的最後一部專著，之後他就轉入一個較廣泛的政治哲學的範疇中，在經濟學上只發表一些短篇的論文。

二、海耶克與凱因斯對一九三〇年代經濟大恐慌的看法

海耶克小凱因斯十六歲。當他於一九三一年由維也納前往英國，應倫敦大學政治經濟學院之聘擔任教授的時候，一場影響後世甚為巨大的凱因斯革命正在醞釀。海耶克也就很自然地躬逢其盛。但由於他的見解與凱因斯的相反，終於引起了一場頗為熱烈的辯論。如上文所述，一九七二年諾貝爾經濟學獎得主希克斯（J. R. Hicks）對於這場辯論曾在一九六七年如此說：「當一九三〇年代之經濟分析史被寫成時，在這場戲中（這確實是一場相當可看的戲）的一位主角是海耶克教授。海耶克的經濟著作——我不討論他後期在政治理論與社會學方面的著作——差不多是現今學生所不知的；今天許多人都不記得海耶克的新理論曾一度是凱因斯的新理論之主要勁敵。誰的理論對呢？凱因斯的，還是海耶克的？」在當時顯然是凱因斯勝利了，而且勝得很徹底，成為一九三〇年代之後的主導理論。無怪乎，希克斯要說那是一個凱因斯時代了。

那麼，海耶克此後的遭遇又如何呢？他在一九七九年五月七日接受《紐約時報》的訪問時曾這樣表示：「我在一九三〇年代已是最著名的經濟學家之一。接著卻發生了兩件事：一爲凱因斯迥然不同之分析的成功，二爲我寫出《到奴役之路》一書，使人增加對我的厭惡。由於這本書在我同仁中是如此不受歡迎，三十年來，我的聲譽就一直在下降，僅在過去十年才開始恢復，一九七四年獲頒諾貝爾獎，可說就是這種聲譽好轉的象徵。」

究竟海耶克對一九三〇年代世界經濟大恐慌的看法如何呢？爲何不被認同呢？

我們知道，凱因斯認爲當時世界經濟之所以蕭條、失業之所以衆多，基本上是由於社會中總合需要的不足；而所謂總合需要之不足，則由工人於充分就業時按當時之工資率所可收到的工資總額來決定，如總合需要不若工資總額之多，就是總合需要的不足。這就使社會可能製成的產量不能全部銷售，結果就引起經濟衰退，以至蕭條。這時唯有由政府採取通貨膨脹政策，才能將這種逆勢扭轉過來。

海耶克則不以爲然。他認爲衆多失業之所以產生，是由於勞動（以及其他生產要素）在各業（及各地）之間的分配與對其產品之需要的分配之間不能協調。這種不能相互協調的現象，是因「相對」價格與工資之體系受到扭曲所引起的。這只有將它們之間的這種關係加以調整之後才能改正。也就是說，在各經濟部門中，所有各種價格與工資都須遵照由供給與需要相等的原則而決定。換言之，失業之所以發生是由於各種在自由市場與穩定貨幣之下，所自行產生的均衡價格與工資發生偏差之所致。這種偏差是不能以通貨膨脹來改正的；而且相反的，運用通貨膨脹只會使失業更爲增多。

爲何我們不能運用通貨膨脹來使失業減少呢？原因有二：第一、爲了達成這種目的，通貨膨脹必須經常迅速進行；通貨膨脹一旦加速推行，則最後必會到達一種程度，使價格經濟制度無法有秩序地運作下去。第二、最重要的，在長期間，這種膨脹就使失業不得不大量增加，以致超過了通貨膨脹原來所想要消除的數量。

一般的論調是通貨膨脹不過是將社會生產數量重新分配而已，而失業則會減少社會生產的數量，所以害處較輕。海耶克認爲這種論調是錯誤的，因爲通貨膨脹是失業增加的原因。

通貨膨脹使得有些工作暫時具有吸引力。當通貨膨脹停止時，或者甚至當其進行的速度減低時，這些吸引力就會消失。其所以如此，是因爲通貨膨脹會發生兩種變動：第一、將貨幣數量在各生產部門與各生產階段之間的分配變動了。第二、使物價將會再漲的預期形成了。

一般對貨幣之充分就業政策表示支持的人，通常認爲只要總合需要能增加一次，就足以在相當期間保持充分就業。這一論據卻忽視了這種政策帶動在各產業間的分配所發生的影響，也忽視了其對於各種工會之工資政策所發生的影響。

只要政府不管工會要求多少工資，都一律負起維持充分就業的責任，工會自然沒有理由會考慮它們這種工資要求會對失業發生任何影響。在這種情形之下，每次工資的增加如果超過勞動生產力的增加，那麼就必須增加總合需要，不然就會發生失業。這種新增的貨幣供給，一定會引起對各種貨物與勞務之需要的相對數量的變動。這些相對需要數量上所發生的變動，一定會進而引起相對價格的變動，最後自會引起生產方向與生產要素（包括勞動）之配置上的變動。

海耶克認爲通貨膨脹進行愈久，則依賴通貨膨脹之繼續才能找到工作的人就愈多，這些人甚至還依賴這種通貨膨脹能加速地繼續下去。這不是因爲他們如無通貨膨脹就找不到工作，而是因爲他們已暫時被通貨膨脹所吸引，而參加一些非常吸引人的工作，現在這些工作卻在通貨膨脹緩和或停止以後而又告消失了。

海耶克的這種論斷當時固然沒有人聽信，就是在第二次大戰後世界經濟正過著二十五年史無前例的大繁榮的期間，他仍不斷地提醒世人這種依賴通貨膨脹所形成的繁榮是不能持久的。爲防止經濟蕭條之來臨，就須趁經濟正旺盛之時立即採取行動，停止通貨膨脹，但仍沒有人聽信。結果到了一九七〇年代通貨膨脹與失業同時併發的病魔終於來臨，這就是可怕而難解的「停滯膨脹」（Stagflation）。

其實，海耶克曾懷疑凱因斯是否眞的會同意以他的名義，提出這種通貨膨脹政策。因爲凱因斯早在一九一九年就這樣告訴我們：「要摧毀社會存在的基礎，沒有一種方法比傷害其通貨更巧妙、更有效的了。在這一過程中，經濟法則所蘊藏的全部力量就被運用於破壞方面，其進行的情形是一百萬人中也不會有一人能覺察的。」

凱因斯還指出列寧曾提出這樣一個結論：「摧毀資本主義制度之最好的方法是破壞它的通貨。」

凱因斯對於通貨膨脹之爲患既有如此深切體認，又怎能提出以通貨膨脹解決失業問題的政策呢？

海耶克在一九八四年曾這樣說：「在這一緊急的時期，我曾密切注意這種發展，有時也曾與凱因斯討論一些重大問題。在許多方面，我對他都是很敬仰的，我一直就認爲他是我所認識的最傑出的人物之一。無疑的，他是他所處的時代中，最有力量的思想家與宣導者之一。但是，聽起來也許是矛盾的，他實在不是一位受過高度嚴格訓練的經濟學家，他甚至也不是對於經濟學之成爲一種科學的發展，表示十分關懷。到了最後，他甚至並不考慮要使經濟成爲一種科學，而只是想利用他的卓越才能，對於一些他的靈感告訴他是當時切需的政策，提出一些理論上的根據，以使大衆信服。」

凱因斯從不承認，爲了增加貨幣需要以促進就業之永久的增加，是須以不斷增加的通貨膨脹來支持的。但他後來已徹底地體察到，對貨幣需要之不斷增加，最後必會引起通貨膨脹的危機。到了晚年，他已對這一問題之發生甚爲憂慮。但是，不是活著的凱因斯，而是他的理論，繼續享有影響力，決定了以後事態的發展。

海耶克曾以他自己的經驗加以證明。他說，當他於一九四六年最後一次與凱因斯討論這些問題時，凱因斯已表露出對一些與他最接近的同仁，不斷極力主張信用擴張表示驚慌。凱因斯甚至誠摯地對海耶克保證，如果他這些爲一九三〇年代之通貨緊縮所切需的理論會發生危險的影響，他將會立即挺身而出，設法改變輿論，使之步上正確的方向。但不幸的是，三個月以後他就逝世了。不過，縱使凱因斯眞能公開承認他的理論有問題而回收，各國政府還是會繼續使用，因爲它與權力密切結合，實在是太好用了，二十一世紀QE（量化寬鬆或貨幣數量寬鬆）政策到處氾濫可以爲證。

如上文所述，儘管海耶克對凱因斯有許多批評，但他仍認爲凱因斯是他一生所遇到的感人最深的學術領袖。同時，在另一方面，凱因斯對於海耶克的卓識亦多美言。例如：他曾寫信給海耶克稱讚《到奴役之路》一書是一部巨著，對其中所提出的論點是「在道德信念與哲學思想上都完全同意的，不但是同意，而且深受感動的。」如果凱因斯不英年早逝，而兩人又能不斷交往下去，則彼此在思想上的差異或許可因而有所轉變。

三、海耶克與凱因斯的貨幣理論

海耶克與凱因斯對一九三〇年代大恐慌的南轅北轍看法中，牽扯到彼此對貨幣理論的差異，很有必要予以檢視，而一生鑽研貨幣的蔣碩傑院士的說法最深入，以下就引用蔣碩傑院士的觀點來說明。

在一九三〇及一九四〇年代中，凱因斯與海耶克兩位是最受人注意的貨幣理論家，可是他們倆的主張往往是正對角的相反。譬如說：不景氣的原因，據凱因斯說法，是由於儲蓄過多，投資對資金的需求不足以將其充分吸收利用的緣故。但是據海耶克說法，那是由於儲蓄所提供的資金不足，以致企業家計畫中的投資都必須縮短其生產時間，提前使產品上市，結果一方面是投資總額減少，一方面是快速產出來的商品在市場上擁塞難銷。

講到儲蓄對社會的效果，凱因斯說，它對社會可說一無功效，它只會將商品的需求減低，使它們難以出售，而它表面上提供的可投資的資金（Investible Funds）則會落空；因爲儲蓄的增加，必然使商品的銷售減少，因而售貨商人他們自己的儲蓄，必將減少。總結起來，整個社會的儲蓄，未必因一部分人儲蓄意願的增加而增加。凱因斯還利用國民所得會計來辯論說，因爲國民所得一定等於消費加投資，而消費又依定義等於所得減儲蓄，以之代入國民所得之公式，則吾人即可獲得「儲蓄與投資必然相等」的驚人結論。這一段詭辯，震驚了舉世的經濟學者。難道我們眞的不必費吹灰之力，不經由儲蓄就可以有了巨額資本，使任何國家富強起來嗎？這要是正確的話，世界上就不應再有任何貧窮的國家了。可是事實上，非洲及拉丁美洲、甚至亞洲的貧窮國家，爲什麼會愈來愈窮呢？

這個啞謎，讓世人絞盡了腦汁才能識破。原來據羅柏森（D. H. Robertson）教授精心指出，凱因斯所引用的國民所得會計原理（即「國內生產毛額（GDP）一定等於消費加投資」）此一公式，只適用於同一時段中的統計數字。而吾人日常所謂以儲蓄資金融通投資的行爲，乃指以前一時段中的儲蓄（即上一時段中的所得減去該一時段中預定的消費支出），來融通本時段的投資支出。在考慮這種投資的融通行爲時，凱因斯所用的國民會計公式中的儲蓄，就毫無意義了。但是就因爲他揪出了這麼一個無實際意義的儲蓄，竟使經濟學人困惑了好幾十年，使人將一向被視爲一種社會美德的「節約儲蓄」，轉而被視爲招致失業與不景氣的自私自利的行爲了。

其實，這都是他將儲蓄與投資定義爲同時的數量，而忽略了實際的動態經濟中，它們在時間上先後順序關係的緣故；只有將時間的差別及順序排入，我們才能看出它們的成長與伸縮。由凱因斯的名言：「在長期，我們都死了」（In the long run we are all dead.），就可得知他只重視短期，亦即「人只活在當下」。事實上，在一九三七年，也就是他的《一般理論》出版後還不到一整年時，凱因斯就已經覺悟到儲蓄與投資的正確處理，必須有時間順序。

凱因斯在和瑞典經濟學者歐林（B. Ohlin, 一九七七年諾貝爾經濟學獎得主之一）辯論的時候，他已經了解，當一個投資計畫到資金市場去尋找融通的時候，這投資計畫通常尚未開始執行，而它籌措的資金則必須是已經到手的，即已經完成的儲蓄；至於他自己所倡導的所謂「一切投資都會自動的因爲『乘數原理』（Multiplier Principle）產生與其等量的儲蓄」之驚人理論，那只是將來可能發生的事情，在籌備資金的當時是借不到手的。所以當上一期已經完成的儲蓄不足以融通這一期的投資需求的時候，其差額除了讓利率的上升來消除之外，就只有靠國外資金的流入及由銀行系統製造貨幣，來補充儲蓄者所提供的舊有貨幣了。

上述由銀行系統製造貨幣來補充，那就是羅柏森教授依傳統的經濟學而說的銀行界的一種「竊盜行爲」（Act of Burglary）。因爲銀行的正規職務是「仲介行爲」

（Act of Mediation），即將他人委託存放在銀行的貨幣轉貸他人。如果銀行將此正當行爲棄而不顧，而竟以擅自私造的新貨幣，來代替公衆委託存放在他那裡的貨幣來貸出去，結果這些新製的貨幣必將與舊有的貨幣相競爭，而奪取其未來可能購得的商品之一部分。

這即是傳統經濟學所指責的銀行「竊盜行爲」或「五鬼搬運法」。但是凱因斯學派的信徒，則矢口否認這種「竊盜行爲」。在他們眼中，貨幣只是一種流動性較高的資產，別人持有的貨幣增加，不管是怎樣增加的，對我並無損害；同樣的，我所持有的貨幣增加，不管是怎樣增加的，對別人也無妨礙。所以銀行增發貨幣，乃被視爲增加全社會的「流動性」的好事，而不再被視作「竊盜行爲」了。因此，在凱因斯學派盛行之後，通貨膨脹之風氣，瀰漫全球。尤其在政治道德較差的開發中國家，其當權者都利用銀行信用膨脹，貸款私人親友，以收「五鬼搬運」之實效，以致財富集中，所得重分配日益不平，老百姓則痛遭通貨膨脹之疾苦；追究其學說之正謬，我們能說這是海耶克和羅柏森這些保守派的錯誤嗎？

還有凱因斯學派的金融理論，既認爲不管銀行吸收與否，儲蓄自會與投資相等，所以從不著重金融機構應當多方努力吸收及鼓勵民間儲蓄的職責；相反的，儲蓄倒被視爲自私行爲，消費倒受到獎勵。於是，像美國這樣本來是世界上最富有的國家，現在就因爲經年儲蓄低落到百分之二或三，政府預算又頻年出現巨額赤字，以致外貿連年虧空，負債累累，很快的由世界最大的債權國而退居爲世界最大的債務國了。眞令人浩嘆。

蔣碩傑感慨地說：「如今海耶克與凱因斯兩位大師都已作古，我們爲他們兩人蓋棺論定，不能不作一個平心的公平論斷吧！」

四、蔣碩傑挑戰凱因斯

一生研究貨幣和經濟發展的中央研究院蔣碩傑院士，對於凱因斯理論的批判完全不亞於海耶克，並不是因爲蔣院士是海耶克指導的博士生之故，而是蔣院士在英國倫敦大學政治經濟學院就讀時就發現凱因斯理論的錯誤，終其一生對凱因斯的批評不遺餘力，而他在一九八〇年和王作榮打筆戰的所謂「蔣王論戰」，簡直就是海耶克和凱因斯論戰的翻版。

一九三七年十月蔣碩傑抵達英國，但開學時間已過，要入學還要考試通過，蔣碩傑利用這段時間進補習學校準備第二年的考試。隔年春天，他如願考取倫敦大學政治經濟學院，在求學期間，戰爭持續進行，一九四一年完成大學學業，因戰事影響無法回國，蔣碩傑必須找工作籌措財源。他到利物浦的中國領事館打工，當一名小小的主事，其中一項工作是幫離家在外的船員翻譯，負責爲中國船員寫文件，解決困難。

在這段期間，影響蔣碩傑最深的一件事，是在協助船員時，體會了「五鬼搬運」

的可惡和可恨。他的工作包括協助船員將薪水兌換成在戰亂時代比較強勢的貨幣。當時的船員根據一些老船員的經驗之談，普遍認為在第一次大戰時，英鎊貶值很多，但中國未參戰，又走銀本位制度，加上戰後美國為救經濟不景氣，收購白銀，致白銀大漲，因而中國貨幣也大為值錢。

這個經驗讓老船員有著「歐洲國家的貨幣靠不住」的根深柢固觀念，認為應兌換成中國貨幣才行。二次大戰期間，這種觀念也使其他船員認為中國貨幣會升值，英鎊會貶值。一九三五年起，中國發行新貨幣「法幣」，船員相信法幣會像一次大戰時的中國貨幣一樣強勢，多要求船公司改發中國貨幣，但船公司只管發英鎊，拒絕幫船員換錢。船員乃向中國領事館求助，希望至少換成中國當時通用的法幣。

其實，二次大戰的情況已與一次大戰時大不相同。國民政府發行國家信用法定貨幣，使貨幣和貴金屬脫鉤，結束長達近百年的銀本位幣制。蔣碩傑以其專業判斷，發現在戰爭期間，中國法幣因過度發行，已經快速貶值，將英鎊換成法幣一定吃虧，很替船員覺得不值。但船員們堅持要兌換，蔣碩傑只好將這項請求轉告給倫敦大使館，由大使館委託倫敦中國銀行協助船員換錢。中國銀行馬上派人來辦理，結果生意大好，中國銀行一天中就收兌一萬多英鎊的工資，當晚開心辦慶功宴，但蔣碩傑看在眼裡，覺得十分痛心，不忍心吃那頓飯。

不久後，蔣碩傑去探望一位生病的船員，船員表達希望蔣碩傑將他僅有的遺產，想辦法送回他家裡。蔣碩傑感嘆：「這時你的錢已經不值錢了！」英鎊的貶值不如法幣貶值快，船員們將英鎊換成法幣是太不划算的做法。

這件事衝擊蔣碩傑極大，他認爲收購這些船員的英鎊，兌換爲法幣是件極不道德的事情，把值錢的貨幣換成很快就要貶值的貨幣，是不道德的行爲！他當時希望未來有機會寫文章批評這種偷竊行爲，而凱因斯正是建議法國財長狂發貨幣讓其貶值來還戰費的人，當然是蔣碩傑要大力批評的了！一九八〇年「蔣王論戰」時，蔣碩傑終於將「五鬼搬運法」這個詞在通俗文章中寫了出來，之後就被人們琅琅上口。

蔣碩傑很不適應工作的狀況，一九四二年海耶克幫他找到獎學金，讓他得以辭掉工作重回倫敦大學政治經濟學院，開始研究生的生活。蔣碩傑從未正式上過凱因斯的課，因爲當時凱因斯一直擔任公職，但聽過一次凱因斯的公開演講，講題是「如何籌措戰爭經費」。至於凱因斯的經典之作《一般理論》，是蔣碩傑在一九四〇年大二暑假時到威爾斯（Wales）逃避轟炸時看的，起先對書中低利率、創造需求以刺激景氣的新穎看法覺得很有興趣且相當認同，而且也對凱因斯很仰慕。當蔣碩傑再回到學校上課時，又聽了許多關於凱因斯理論的課，因而有一度對海耶克的主張產生懷疑，但鬼使神差，在那段等待返回研究生的打工生涯，貨幣貶值造成財產縮水，銀行利用匯兌換利，卻絕不對船員提到這種危機，讓他有所感觸，在經過深思熟慮之後，反而認爲是凱因斯理論很有問題。

蔣碩傑認爲凱因斯是個聰明人，總是爲了支持辯護他心中的某種政策上的信念而構造出一套理論。《一般理論》是爲了替擴大多少支出以挽救經濟衰退的政策撐腰而產生的；爲了籌措戰費，凱因斯又即刻創造出另一套理論來，即「如何籌措戰爭經費」中提出的「強制儲蓄」的辦法。在《一般理論》中，凱因斯將儲蓄指斥爲有害無益的自私行爲，但在後者中卻又將儲蓄視爲愛國有益的行爲。蔣碩傑感慨說，聰明人往往可以翻雲覆雨地變來變去，但其信徒就只知固執一端！

重回倫敦大學政治經濟學院當研究生的蔣碩傑，對自己開始有了信心，其表現突飛猛進。他觀察經濟局勢，加上海耶克引領他進入自由經濟，體認到凱因斯學說並非經濟學界的蜜糖，反而可能是毒藥，就開始對凱因斯學派提出批評，他對凱因斯的第一篇批評文章，就在這時完成。

倫敦大學政治經濟學院的研究院有兩個研討會，一個由海耶克主持，蔡碩傑參加的則是由三位凱因斯學派的年輕教授主持的研討會，分別是卡爾多（Nicholas Kaldor）、羅賓遜夫人（Mrs. Robinson），以及義大利人史拉法（Piero Sraffa）。開學第一天，誰都不想當第一個報告的學生，蔣碩傑卻被分到首位。

凱因斯那時在一本優生學雜誌，發表一篇討論人口增長影響經濟景氣的文章，認爲人口成長率和經濟繁華有關。英國因爲人口成長很慢，使得對住屋的投資減少，而投資不足致使經濟不景氣，而在人口成長快速的國家，對經濟產生刺激，容易繁華，不容易失業。

這篇文章獲得凱因斯學派學者的肯定，認爲是了不起的理論，甚至還有學者以此爲基礎，寫了《人口漸減之經濟學》專書。蔣碩傑被指派報告，並批評這篇文章。年輕氣盛的蔣碩傑一看文章，就覺得有問題，因爲中國就是一個很好的反例。中國人口成長快速，卻沒能見到繁華，於是蔣碩傑對該文批了一頓。心裡有數的蔣碩傑，認爲三位老師一定會把他修理一番，因爲聽說這批凱因斯學派的老師對於批評凱因斯的人都很不客氣，沒想到，報告時的情況正相反。三位老師沒打斷他的報告，也沒有提出反對意見，竟然順利平安過關。

信心大增的蔣碩傑，就將該報告拿給海耶克，請他批評。海耶克很認同蔣碩傑的觀點，又拿給另一位學者Barlett Whale看，他們兩位都是《經濟學刊》的編輯，就在一九四二年十一月刊登了蔣碩傑的文章，篇名爲"The Effect of Population Growth on the General level of Employment and Activity"。

研究生第二年，蔣碩傑再對卡爾多於一九三九年發表的"Speculation and

Economic Stability” 這篇文章提出批評，該文將凱因斯的乘數理論做了新解釋，當時很出鋒頭，但蔣碩傑頗不以爲然，於是在一九四三年寫了一篇批評文。卡爾多對該文不置可否，也不打算修正自己看法，蔣碩傑乃將該文投到《經濟學刊》，獲得更好的迴響。不但獲得海耶克採用刊登，還稱讚蔣碩傑對經濟學做了重大貢獻。

蔣碩傑再接再厲，第三次爲文重批劍橋大學的資深學者庇古（A. C. Pigou）。庇古是劍橋學派的主要代表人物，年僅三十一歲時就擔任劍橋大學經濟學講座教授，是歷來最年輕的講座教授，在當時是學生的蔣碩傑眼中，大師是高高在上不可侵犯，而凱因斯在那時還只是劍橋大學的副教授。不過，蔣碩傑看到庇古《就業與均衡》（*Employment and Equilibrium*）書中的問題，寫了一篇文章批評，並在凱因斯主編的英國皇家學會旗下的《經濟期刊》（*Economic Journal*）中登出來。該文讓庇古臉面不好看，但最終在第二版中更正了蔣碩傑指出的錯誤。其實，《就業與均衡》出版時，不少英、美年輕學者都寫過書評，也提出批評與建議，但庇古一條也沒有接受，第二版時，卻接受蔣碩傑的意見，修改了兩個章節。蔣碩傑批評庇古的文章，是《經濟期刊》第一次刊登中國人的文章，凱因斯是當時的主編，還寫了親筆簽名信給蔣碩傑。

一九四五年，蔣碩傑自倫敦大學政治經濟學院畢業，隔年，在海耶克指導下完成的博士論文《景氣循環和邊際利潤的波動》，獲最佳博士論文「赫其遜銀牌獎」（Hutchinson Silver Medal）。

終其一生，蔣碩傑奉獻心力發揚自由經濟，講清凱因斯理論的錯誤及其可怕後果，他公開指出凱因斯充斥著「野狐禪」（即妖魔鬼怪）的氣息，時刻對凱因斯理論充滿戒心。不過，海耶克和蔣碩傑師徒倆的高瞻遠矚，還是阻擋不了凱因斯理論的席捲全球並荼毒人類，怎不令人浩嘆！

第六章　海耶克與諾貝爾獎

一、諾貝爾獎讓海耶克鹹魚翻身

一九四四年海耶克出版《到奴役之路》，雖然轟動一時，海耶克也因而舉世聞名，但同時也讓他聲譽及學術地位受到衝擊。在一九七九年五月七日接受《紐約時報》訪問時，海耶克就說：「我寫出《到奴役之路》一書，使人增加對我的厭惡。由於這本書在我的同仁中是如此的不受歡迎，三十年來，我的聲譽就一直在下降，十年前才開始恢復，而一九七四年獲頒諾貝爾獎，可以說就是這種聲譽好轉的象徵。」

海耶克之所以能在冷寂的時候獲獎，他自己固然很驚訝，而共同得獎者繆爾達（Gummar Myrdal）也很驚訝，想不到自己竟然要跟別人分享這個獎項。一九七四年的諾貝爾經濟學獎授予海耶克，消息是在該年十月九日宣布的，那是讓海耶克整個生命恢復年輕活力的事件。海耶克是獲該獎項的第一位自由市場經濟學家。

諾貝爾經濟學獎是一九六八年由瑞典中央銀行捐資成立的，而諾貝爾基金會也決定接受這份厚禮，這是現代經濟學發展上的一個分水嶺。其意義不只是像海耶克所說的，創立此一獎項，等於承認經濟學是一門科學，更大的意義是，由於頒給海耶克、弗利曼這樣的異端思想家，諾貝爾經濟學獎對於引導學院經濟學研究走上新方向也發揮了某種作用，因爲再也不大可能像以前那樣，將自由市場經濟學家的觀點拒於門外。

有意思的是，從一九三〇年到一九六〇年，瑞典一直被稱讚爲福利國家的典範，並被一些人視爲正在形成的一種「中間路線」，開始時是介於法西斯和共產主義之間，然後是介於資本主義與共產主義之間。弔詭的是，正是瑞典人創立的諾貝爾經濟學獎，在影響學院經濟學走向資本主義的過程中，發揮了相當大的作用。

繆爾達這位與海耶克一起獲獎的瑞典社會主義經濟學家和政治人物，後來就提議取消經濟學獎，因爲它曾頒給弗利曼和海耶克等反動分子。有趣的是，海耶克也不認同經濟學家獲頒諾貝爾獎，但其理由與繆爾達完全不同，留待下文再談。

海耶克對於獲獎感到非常驚訝，他自以爲「太老，已不具候選資格了」。他也坦率地承認，隨著學術興趣的轉移，他早已不再做專業經濟學研究了。諾貝爾獎委員會同時頒給繆爾達和海耶克，在海耶克看來，顯示委員們對他存有爭議，他的觀點並不受歡迎。繆爾達在正式公布的獲獎名單中排在海耶克之前，他也舉行一個記者會，公開要求實行工資和價格控制，並要求美國立即實行石油配額供應，報紙也引了一段海耶克不同觀點的談話：「所有重大的危機都是由先前的通貨膨脹導致的，它遲早會導致經濟崩潰。」

繆爾達代表左派，海耶克則是右派，兩者立場鮮明且迥異。不論是左派或右派，都沒有料到諾貝爾獎會頒給海耶克。在美國人心目中，海耶克幾乎被完全忘記了，畢竟海耶克最後發表的一本重要而完整的作品是《自由的憲章》，那是一九六〇年的事了，之後的十多年，海耶克在英語世界消失了，而且大約有三十年，海耶克幾乎沒寫過經濟學方面的論著了。無怪乎有這樣甚囂塵上的說法：「原本一九七四年的諾貝爾經濟學獎只想頒給繆爾達，但因他是瑞典人且是鮮明的左派，委員會深恐引起非議，乃從廢墟中將海耶克撿來當陪襯。」

弗利曼當年就這樣說：「當年設立諾貝爾經濟學獎時訂下了一個規則，五年內不得授予瑞典人。現在是第六年了，他們非常希望將該獎頒給繆爾達，但繆爾達太左派了，因此——這是我自己的推測，我無法提供文件來證明——他們覺得他們可能會受到很大的批評，於是他們決定把繆爾達與海耶克，一個左派、一個右派，綑綁在一起，這樣就可以免受批評。」

事實上，海耶克在一次訪談中，也是這麼認爲的，他說：「我從來沒有指望自己會獲得諾貝爾獎，當宣布我獲獎時，我十分驚訝，因爲我覺得凱因斯主義還沒有在思想界和經濟學界聲名掃地。我不敢肯定這是不是眞正的原因，瑞典諾貝爾獎委員會似乎非常希望能夠在不同觀點之間保持某種平衡，因而他們就挑選了兩個人組成了獨一無二的配對，而我竟然是其中之一！」

迄二〇一四年共四十六屆諾貝爾經濟學獎得主，就只有一九七四年這一屆的得獎者是南轅北轍、觀點完全相反的兩名學者。除了這種歧異狀況引人側目外，索忍尼辛（Aleksandr Solzhenitsyn）這位一九七〇年諾貝爾文學獎得主，其《古拉格群島》小說震撼世人，當年因害怕蘇聯不讓他再回國而未到場受獎的被迫害反共人士，也在一九七四年十二月到場參加頒獎典禮，因而該屆頒獎典禮非常引人注目。

海耶克曾說，「索忍尼辛是個非常複雜的人物。由於我跟他同時去參加諾貝爾頒獎典禮，所以我結識了他。最近，我的《到奴役之路》出版俄文譯本，於是，我藉此機會送了一本給他，他顯然是第一次看到這本書，他給我寫了封信，說他幾乎無法相信，一個像我這樣沒有在俄羅斯生活過的人，卻能如此清楚地看到社會主義的後果。」

儘管海耶克否認他的獲頒諾貝爾獎與其身體好轉之間有關，但無疑地，他在受獎之後的健康情況有顯著的改善。或者也是因爲公衆對他的看法產生變化，他又有了發言的機會，而且當時的社會風氣也對他有利，在經濟上出現高通貨膨脹、高失業率，使海耶克和弗利曼這樣的經濟學家比以前更爲吃香。

海耶克接受諾貝爾獎的最重要結果，或許是它給他帶來了更多的名聲，如果沒有這個大獎給他帶來的名望，英國首相佘契爾夫人會不會成爲他的信徒，是大有疑問的。而因爲佘契爾夫人的認可，反過來又讓海耶克的名聲臻於高峰。

二、海耶克領受諾貝爾獎和慶祝晚宴中的講詞

海耶克在一九七四年十二月十一日前往瑞典領取獎狀和獎金並發表演講，講題是「強不知以為知」（The pretence of knowledge）。這篇演講精要地講出他與凱因斯在經濟學方法論上的差異，對經濟學家應用物理學中的研究方法來得出政策，直斥為重大謬誤。此篇講詞非常重要，分成六個主題，一是「科學迷」的態度，二是失業的主因，三是經濟學的數理方法：用途與缺陷，四是當科學不是科學時，五是預測障礙，六是強制的權力會妨礙自發力量的伸展。這六大主題也就是海耶克畢生研究並宣揚的理念，在這個重要、舉世矚目的場合裡完整扼要地宣講，實在是再適合不過了。這些理念在本書前面章節已都介紹過了，在此不再贅述。

海耶克的傳世評言

除在受獎時的演講外，海耶克在慶祝晚宴中也發表了簡短講話，全文如下：

「陛下、殿下、各位女士、各位先生：

諾貝爾經濟學獎既已設立，被選為聯合得獎者之一的人，當然會深深感激；而經濟學家們當然也對瑞典中央銀行如此重視他們的學科，以致授予這項最高榮譽，而同樣感激。但是，我必須承認，如果當初被問到是否要設立諾貝爾經濟學獎時，我會斷然反對。第一個理由，我怕這樣的獎會像某些龐大的科學基金活動一樣，勢將助長時髦的學風。這個憂慮，現在由於我這樣一個不合時潮的經濟學者居然被選為得獎人而消失。可是，我的第二個憂慮，仍無法同樣的釋然於懷。

諾貝爾獎給某一個人的這種權威，就經濟學這門學科來講，誰也不應該享有。在自然科學部門，這沒有問題。自然科學家當中某一個人所發生的影響，主要是影響到他的同行專家們；如果一個人的業績落伍了，同行的專家們馬上就會輕視他。但是，經濟學家的影響之關係重大者，卻是影響一些外行人：政客、記者、公務員和一般大眾。

在經濟學方面有了一點特殊貢獻的人，沒有理由就成為全能者，而可以處理所有的社會問題。可是新聞界卻如此看待他，而他自己也終於自信是如此。甚至有人被捧昏了頭，居然對一些他素未專研的問題表示意見，而認為這是他的社會責任。

用這樣隆重的儀式以宣揚少數幾位經濟學家的成就，使舉世矚目，因而加強他的影響力，這樣做，我不相信是一件好事。

所以我想建議，凡是獲得諾貝爾獎這項榮譽的人，必得做一謙虛的宣誓，宣誓不在自己的學力以外對於公共事務表示意見。

或者，授獎人在授獎時至少要受獎者謹記住我們經濟學的大師之一——馬夏爾（A. Marshall, 一八四二～一九二四）的一句嚴正忠告：『社會科學者必須戒懼赫赫之名：當眾人大捧特捧之時，災禍亦將隨之。』」（這是夏道平先生的譯文）

在這段話中，海耶克的兩點憂慮，一是擔心諾貝爾獎將助長時髦學風；二是經濟學者影響層面甚廣，誰都不應有資格獲得「權威」的標籤，否則由於得獎之後所引發的膨脹，勢將有害於社會。海耶克本人因其在不合時潮時獲獎，故免去了第一點憂慮，但由歷年來得獎者的研究領域來看，卻仍然存在，尤其曾有幾年相繼密集地頒給熱門時髦的財務金融學者，更可證實海耶克的憂慮，當然，我們並非否定該學門的價值，只是質疑諾貝爾獎錦上添花，甚至推波助瀾的必要性。

至於第二點憂慮，一直以來都存在，因為絕大多數的得獎者都只是在各自專業領域內學有專精，較偏於「技術」和「工具」層面的專家，的確令人擔心由於諾貝爾經濟學獎的存在，使經濟學脫離「人文」層面愈來愈遠。而且正如蔣碩傑院士所言，經濟學爲人類智慧的結晶，是關係著國計民生極其重要的一門科學，但若誤用而導致實施錯誤經濟政策，則遺害將既深且遠，共產世界的慘痛經驗固不必談，就是自由世界裡也例證斑斑，最明顯的是，著重短期而賦予政府龐大「權力」的凱因斯理論。可是，爲何迄今該理論仍然甚爲風行？主因之一是，太多人早年身受其教，已在腦中根深柢固，縱使有心去除，當事人也已無力，再加上諾貝爾獎對經濟實證科學的肯定，更使對新一代的教育無法還原經濟學本質，甚至陷於如一九八六年諾貝爾經濟學獎得主布坎南（James Buchanan）嚴厲批評的「現代經濟學缺乏一個扎扎實實的哲學基礎，因而無法使經濟理論與我們的人生發生適切關聯」。

眞正的經濟學家

有趣的是，主張經濟學是實證科學者認爲唯有抽離主觀因素，將實證知識資源由臆測中分離出來，才能免於流爲空談或政治的偏誤，也才能與實際人生連結。而持反對經濟學實證科學論點，主張回歸人文精神者也同樣強調經濟學應切合實際人生。爲何目標相同，但觀點卻南轅北轍？由已故的自由經濟學前輩夏道平先生對經濟學家的分類，可得知梗概。

夏先生依循海耶克的分法加上第三類，而將通常被稱爲經濟學家的一群人，就其思想言論的底蘊分成三類：一是眞正的經濟學家；二是經濟工程師；三是特定經濟利益發言人。他說這三種人都同樣在使用經濟學的一些名詞、術語，和某些模型，外行人看到他們發表的文章都討論經濟問題，很自然地把他們統稱爲經濟學家，但實則有顯著區別。特定經濟利益發言人，顧名思義大多是受僱於某人或某一集團，而爲某人或某一集團的經濟利益辯護，或者只是爲捍衛他自身的利益。

經濟工程師是怎樣的人？工程師上冠以「經濟」二字，我們可想到：他的專業是把公共經濟事務的處理當作一項工程。他無視於，至少輕視公共經濟事務是千千萬萬的行爲人，形形種種的主觀意志表象。個人的主觀意志，畢竟不同於既定的、客觀的存在，而可以規格化的物料。工程師的專業是利用工程學的知識，就這些物料預先做成一個模型（或出於自己的創意或遵照業主的願望），然後按這個模型來建造一座壯觀的廟堂，或一套精密的機器，或一條高速公路。由於所建造的東西不同，而有建築工程師、機械工程師、土木工程師這些不同的稱謂，稱謂儘管不同，他們同樣地都是利用一些無生命、無意志的物料，製作預先設計好的東西，至於被冠以「經濟」二字的經濟工程師，則是搬弄一些經濟學名詞，而以工程師的心態、工程師的技巧，來處理人的行爲所形成之公共經濟事務。

至於眞正的經濟學家，起碼應有以下的認知：必須了解其所關心的「人」，與生物學或動物學家心目中的「人」不一樣。經濟學家雖也知道「人」具有一般動物的欲望、衝動和本能的反應。但更重要的是，「人」還具有異於禽獸的意志、理念和邏輯思考，這是人之所以爲人的一大特徵。人的欲望會自我繁殖不斷增多，而其滿足卻要受到外在種種限制。於是在要求滿足的過程中，他不得不有所選擇。選擇，是出於不得已；選擇什麼，則又力求自由。這就是說：人，並非生而自由的，但具有爭取自由的本能。

分工合作和諧互動

由於人性中有上述的特徵，所以在漫長的演進過程中，漸漸學習了爭取個人自由的適當方法。這個方法是要不妨害別人也能爭取，否則終會妨害到自己的自由。只有「人」才會在個別自覺的互動中，形成分工合作而日益擴大的社會，不同於出自本能的蜂蟻社會。人類社會的形成與擴大，是由於人的自覺行爲之互動。「互動」之「互」字，顯示出主詞的「人」是指多數，而且多到說不出他們是誰；並非少許幾個人，更不是像孟軻所稱爲「獨夫」那樣的一個人。其互動也是在其獨特的環境，各憑獨特的零碎知識而行爲、而互動，絕不是靠一個人或少數人的設計、規劃、指揮或命令，而組織成的所謂「團隊」行爲。

那麼，非團隊行爲的行爲，不正是有些人所說無政府的混亂狀態嗎？事實上，完全相反。因爲團隊行爲受制於這個團隊主宰者個人的知識，即便他有所謂「智囊團」的幫助，也只是有限的少數人。至於分散在社會上無數個人的知識，個別看來是零碎的、瑣屑的，乃至微不足道的，當然不能與任何專家系統智識同日而語。但是，那些分散在社會的知識總和，卻不是任何一個人、或一個集團的知識所能攝取其萬一。即便在將來更高科技時代的電腦，也不能納入那些知識的總和。所以非團隊行爲不僅未造成混亂，反而是分工合作的社會所賴以達成、擴大的基礎。如果引用亞當．史密斯（A. Smith, 一七二三～一七九〇）的話，這是「無形之手」的作用；引用海耶克的話，則是「長成的社會秩序」。

重視「無形之手」，並不意味排斥「有形之手」；尊重「長成的社會秩序」，並非意含排斥「法制的社會秩序」。以「重視」、「尊重」這樣的字眼，強調有形之手不應牽制或阻礙「無形之手」的運作，只能爲其除去障礙，使其運作順暢無阻；是要強調法制的社會秩序不應干擾或擾亂長成的社會秩序，只要提供一個有利於後者，得以保持活力而無僵化之虞的架構。

這些論點應用到經濟領域，便是自由市場與政府之間的關係問題。自由市場是長成社會秩序的一部分，政府就是法制社會秩序之建立者。政府對於市場的運作只可維護或給予便利，不得有所干擾或阻擾。

回頭看當前的人間，可說完全背離，政府是經濟舞臺上的主角，有形、無形的管制力量強大，而且扮演錯誤角色。海耶克的諍言被當成耳邊風，而「錯誤的政策比貪汙更可怕」，則是赤裸裸的後果呢！

第七章　海耶克在臺灣——代結語

一、趕鴨子上架

康德出版社的李永海先生在二〇〇二年底某一天到我研究室，拿著海耶克（F. A. Hayek，一八九九～一九九二）傳記的英文原書和部分中譯稿，希望我爲該書中譯本寫篇導讀或序，重點則放在海耶克與臺灣的關係。這讓我有點爲難，一來雖然我的記憶中是有那麼一幕：好幾年前在臺大活動中心的演講廳，海耶克在爆滿觀衆前演說，其旁邊則是已故的費景漢（一九三三～一九九六）院士。但也僅此而已，甚至忘記了海耶克說什麼，也忘了那是什麼時候；二來我對海耶克的東西實在稱不上有研究，頂多知道個大概而已。

經過如此的表白，李先生還是希望我幫忙，也許因爲我曾在一九九二年海耶克去世時寫過海耶克的生平、學術生涯及貢獻，也在《到奴役之路》（*The Road to Serfdom*）出版五十週年時應雜誌社之邀撰寫過一篇〈永遠的海耶克〉。此外，也曾簡介過海耶克的《自由的經緯》（*The Constitution of Liberty*，國人比較熟悉的譯名是自由的憲章）、《個人主義與經濟秩序》（*Individualism and Economic Order*）、《不要命的自負》（*The Fatal Conceit*），以及《海耶克論海耶克：對話式自傳》（*Hayek on Hayek: An Autobiographical Dialogue*）等書。縱使如此，我對海耶克的了解也只是皮相，眞正對海耶克思想體系下過苦功鑽研者，據我所知首推已故的夏道平（一九〇七～一九九五）先生，臺大名譽教授施建生先生也頗有研究，並寫過有關海耶克的數篇文章，他跟海耶克也很熟識（下文會再提）。至於年輕一輩的，是經由夏道平先生引介而接觸海耶克作品的謝宗林先生，他不但精心翻譯《不要命的自負》，還將海耶克全部英文著作都讀過。因此，施建生教授和謝宗林先生都比我有資格來擔當這項任務。奈何李先生堅持非要我寫不可，也只好恭敬不如從命地答允了，於是以〈海耶克在臺灣〉爲題寫成序文，十三年後的今天再讀該文，覺得再增刪之後可作爲本書的最後一章，並作爲結語。

二、夏道平與海耶克

我之所以接觸海耶克的東西，是夏道平先生引介的，因為我一向尊奉自由經濟，而在夏先生眼裡，若不知奧國學派（或奧地利學派）的哲理，是不可能抓到自由經濟精髓的，於是夏先生細心安排各種方式讓我接觸該學派的各代掌門人之作品，也就這樣我在一九八〇年代才得知海耶克這號人物（他被稱為奧國學派第四代掌門人）。那麼，夏先生又是怎麼會對海耶克的東西著迷的呢？據夏先生自己的回憶，是在其擔任《自由中國》半月刊主筆時，才眞正接觸奧國學派的自由經濟哲理，觸媒則是其武漢大學的同學詹紹啓先生在一九五七年上半年，寄給他的《美國新聞與世界報導》（*U. S. News and World Report*）雜誌，該期正好刊登奧國學派第三代掌門人米塞斯（Ludwig von Mises, 一八八一～一九七三）新著《反資本主義的心境》（*The Anti-Capitalistic Mentality*）摘要，經由閱讀摘要，夏先生才對「理知的自由主義」有正確認識，並從此死心塌地堅守，若非有該機緣，夏先生自認很可能會跟隨殷海光或張佛泉，走上非理知的自由主義的思路，殷海光所崇拜的是羅素（B. Russell, 一八七二～一九七〇）主張的「浪漫的」自由主義，張佛泉則是傾向於杜威（J. Dewey, 一八五九～一九五二）的「積極性」自由主義。

夏先生讀過並譯介那篇摘要後，又將該書全文譯出，接著又翻譯了米塞斯三本著作（有興趣的讀者可在遠流出版公司的「自由主義名著譯叢」找到）。就因譯了米塞斯的三本書，夏先生乃進而研讀海耶克的英文著作，並且翻譯海耶克三本論文集中最精華的《個人主義與經濟秩序》。夏先生雖也寫了幾篇介紹海耶克及其理論的文章，但其主要的貢獻仍在翻譯這些重要作品，由於海耶克不用數學而是用文字表達，必須以精準的文字才能「嚴謹」傳達眞義，因而予讀者艱深難讀之感。所以，研讀海耶克的文章，看懂已不太容易，要再翻譯並達「信、達、雅」的要求更難，準此，夏先生以譯書方式將海耶克及其他奧國學派學者的重要著作推介給臺灣人民，其貢獻不可謂不大，何況夏先生譯書態度之認眞、恭謹令人感佩不已呢！或許就是透過認眞翻譯，夏先生比起其他人更能深入海耶克思想的內涵。夏先生雖沒跟海耶克見過面，但我認爲他很可能是臺灣最熟識海耶克理論的一位。

三、周德偉、蔣碩傑與海耶克

若要說與海耶克親近者，除其親朋好友外，師生關係、尤其得到海耶克親自指導撰寫論文者應屬之。在臺灣，據我所知，在經濟領域，有周德偉（一九〇一～一九八六）先生和蔣碩傑（一九一八～一九九三）院士兩位。前者在夏道平先生一九八六年七月發表於《傳記文學》的〈周德偉先生未受重視的一項業績〉一文，有所著墨，謂周先生於一九三三年公費出國至英國倫敦大學政治經濟學院，得到海耶克指導兩年，之後轉學到柏林大學哲學研究院進修，海耶克又以書信方式指導其撰寫貨幣理論的論文。一九三七年中日戰爭發生，公費停發，周先生乃結束留學返國。一九六九年從關務署長退休才專注於學術思想，夏先生認為周先生的兩大學術業績，一是為我國知識群衆有系統地介紹海耶克；二是把我國儒家傳統思想重新評估，並賦予新的意義。在給臺灣知識群衆介紹海耶克的業績上，具體地在兩本書體現，一是譯作《自由的憲章》，另一是他寫作的《海耶克學說綜述》，本書序文是海耶克寫的，而海耶克回覆周先生的信及序文的原稿，都是刊在書首。夏先生認爲海耶克是一位嚴謹型學人，不會隨便恭維人、敷衍人，卻爲周先生作序，足證周先生對海耶克思想體系了解的精深、闡釋的明晰。在一九六五年海耶克初次訪臺時，周先生在《中央日報》發表〈介紹海耶克給中國知識群衆〉一文，將海耶克的《貨幣理論及經濟循環》和《價格與生產》兩本書主要內容推介給一般知識群衆。

談到蔣碩傑院士，是道道地地的海耶克弟子，蔣先生在倫敦大學政治經濟學院的博士論文題目是「景氣循環和邊際利潤的波動」，是海耶克建議的，也是海耶克指導的，這篇論文不但讓蔣先生在一九四五年獲得哲學博士學位，也以該年度最佳博士論文得到該校的「赫其遜銀牌獎」（Hutchison Silver Medal）。不過，蔣先生聞名國際的研究是屬於貨幣領域，似乎並非得自海耶克眞傳，而蔣先生自己也明言受羅柏森（D. H. Robertson）的影響最深。但正如夏道平先生所言和上一章所敘述的，蔣先生從理論上不斷抨擊凱因斯，卻是不折不扣追隨海耶克腳步的。其實，海耶克雖然自一九四一年開始，表面上似乎沒有明確地對貨幣理論發表著作，但終其一生，海耶克認爲他所談的哲理都離不開貨幣，這可在其最後一本著作《不要命的自負》裡看得清楚（也可參見謝宗林、吳惠林，〈海耶克的貨幣思想與政策主張〉，載於一九九七年中華經濟研究院出版的《經濟發展理論與政策之演變》一書第五篇）。由此似亦可見，蔣先生的一生志業也沒脫離海耶克，只是蔣先生的學術文章利用諸多數理工具和圖形，而且也較少有哲學層面的解析，這與海耶克的作風很不相同。

四、邢慕寰、施建生、謝宗林與海耶克

談過兩位海耶克的指導學生，接著再談三位對海耶克思想有鑽研的學者，第一位是已故的中央研究院邢慕寰（一九一五～一九九九）院士，他在其一九八六年八月出版的《通俗經濟講話——觀念與政策》一書中，第七講〈集體經濟制度的全能與低能〉和附錄四〈關於集體經濟計畫辯論的現狀〉，以及其一九九三年出版的《臺灣經濟策論》一書中，附錄二〈自由主義經濟理念壓倒集體主義經濟理念以後——爲紀念一代宗師海耶克逝世而作〉三篇文章，都一致充分的顯示他對海耶克主張的認同。其實，邢先生和海耶克的關係，由邢先生在其《臺灣經濟策論》的自序中已說得非常清楚，邢先生之所以後半生信守不渝自由經濟理念，乃因其一九四五至一九四六年赴芝加哥大學進修，受教於奈特（Frank Knight）、范納（Jacob Viner）和海耶克，邢先生特別指出，在某種意義上，對他影響更直接的是海耶克。而海耶克是一九四六年春季才到芝加哥大學任教，只開了一門主題是「美國企業壟斷個案分析」的專題討論課，參加者僅約十人，且幾乎全都是教授、講師，以及正在寫論文的博士生。邢先生只是抱著好奇心前往旁聽了幾次，重要的是趁機讀了海耶克的兩本名著，即一九三五年出版的《集體經濟計畫》和一九四四年出版的《到奴役之路》。前一本書讓邢先生深切領悟到集體經濟計畫在理性上根本不可能實行的道理，更重要的是，爲了實行集體經濟計畫而要求人民所做的犧牲，絕對不可能實現社會主義者浪漫的憧憬，亦即超越資本主義制度的表現；後一本書在警告西方資本主義國家，不要動輒找藉口干涉私經濟部門，以免不自覺的陷入計畫經濟的泥沼，而走向奴隸之路。

第二位是上文提過的施建生教授，施教授在一九六五年擔任臺大法學院院長時，於該年九月底與中國地政研究所所長蕭錚共同邀請海耶克來臺，作爲期三週的學術性訪問。施教授回憶說，是藉參與蒙貝勒蘭學會（the Mont Pelerin Society，簡稱MPS，一九四七年四月一日成立，由全球崇尚自由理念信仰者共同組成，學會初創階段，對於會員的篩選極爲嚴格，若非全球第一流的思想家，休想成爲會員，後來逐漸放寬，以至於有些並非抱持自由理念者也加入，而海耶克和弗利曼（M. Friedman，一九七六年諾貝爾經濟學獎得主）於是都主張解散MPS。關於MPS可參見本書第四章的介紹）年會之便，邀請海耶克訪問臺灣的，當時施教授還陪同海耶克赴中部演講，也曾引介翻譯《到奴役之路》的殷海光教授會見海耶克，聽說海耶克對殷海光印象不錯。

一九七五年十一月九日海耶克獲頒諾貝爾經濟學獎的隔年，第三度訪問臺灣，在臺大學生活動中心演說，施教授是主持人，他也在該年十一月十日於《聯合報》發表一篇〈自由經濟理念的弘揚——歡迎海耶克先生三度來華訪問〉引介宏文。此外，施教授在其《現代經濟思潮》一書增訂版（二〇〇〇年七月，華泰文化公司）中第八章，以九個節介紹海耶克。當海耶克於一九九二年仙逝時，施教授也在中華經濟研究院出版的「海耶克專輯」《經濟前瞻》季刊第二十七號中，寫了一篇〈海耶克與凱因斯〉，記述這兩個人亦友亦敵的微妙關係，而施教授在二〇〇七年更寫成《偉大經濟學家海耶克》專書出版。

第三位是謝宗林先生，他是我在中華經濟研究院的同事，雖然他接觸自由經濟的時間比我晚，與夏道平先生相識也在我之後，但他對海耶克作品的專注卻令人敬佩。茲引夏先生在一九九四年寫的〈自由主義與宗教〉一文中的說法作印證，夏先生說：「……謝先生最近兩、三年來把海耶克在一九四四年以後用英文寫的文章和整本專著，大部分精讀過，並且有深度的理解。謝先生的這一造詣，頗為驚人。……」謝先生的中英文造詣俱佳，看書速度快且吸收力強，除了精心翻譯海耶克的《不要命的自負》一書外，上文提過的〈海耶克的貨幣思想與政策主張〉則直接詳細剖析海耶克的貨幣理論，他又引用海耶克的理念和我共同寫作了幾篇關於社會公平、社會福利、老人年金、家庭倫理和社會安全的論文。

以上記述的臺灣學者與海耶克的點點滴滴，只限於經濟領域，其他領域的學者未含括在內，即使是經濟領域，亦恐有遺珠之憾。本章最後再記錄海耶克三次來臺的經過。

五、海耶克三度訪臺

如上文所述，一九六五年九月底海耶克夫婦首次應邀訪臺，東道主是蕭錚和施建生，他倆都是蒙貝勒蘭學會會員。當年三週環島行程，共安排五場演講，第一場十月二日在臺中中興大學，講題是「社會秩序之原理」；第二場十月六日在屏東省立農專，講題是「自由社會的法則」；第三場十月八日在臺大，講題是「自由之創造」，第四場十月十一日在中國土地改革協會及中國地政研究所，講題是「財產與自由」；最後一場在臺大法學院，講題是「自由競爭之政策」。當年媒體報導，海耶克還在演講中公開讚揚臺灣的土地改革，他也表示知道臺灣有著進步、繁榮的經濟社會。訪臺結束返國後，海耶克根據訪臺觀感，在西德第一大報《法蘭克福通報》發表專文，盛讚臺灣的進步，並認為臺灣經濟發展足資亞洲各地仿效。

隔年（一九六六年）海耶克二度來臺，作為期一週的學術性訪問，九月二十二日下午三時，在臺灣土地銀行十樓大會堂舉行學術座談會，歡迎海耶克，並請其發表

「公衆福利與社會正義」簡短演說，闡述「公衆福利」（Public Good）是自由經濟環境下大衆經濟利益的和諧發展，以及「社會正義」（Social Justice）不容少數人曲解濫用以干涉社會中各個人的經濟活動，會中有人詢問自由經濟與計畫經濟兩種制度，事實上在若干新興國家並行不悖，似乎可以相輔相成而收折衷辦法之效，據媒體報導，海耶克係以公衆福利和社會正義這兩個觀點再作說明。會中有人鑒於當時世界經濟制度有逐漸修正改進，以免各走極端的情勢，乃以英國和蘇聯爲例，認爲英國對於若干工業實施國有化，而蘇聯共產制度也修正爲重視價格、利潤與報酬，將來可能逐漸走向中間路線而達和平共存境地。海耶克的回答是，世界經濟隨時變遷，以後的事尙難預料，二十年後，也許蘇俄共產制度將較美國資本主義更爲資本主義化；但有一點可以斷定，如果一國由中央政府控制經濟事業，則其必然以尋求資源爲藉口而將冒險對外擴張，最後必然形成帝國主義而引起世界衝突。迄今近五十年的歷史演變，全球化的潮流排山倒海而來，共產集權倒向自由經濟，英、美帶頭的國營企業民營化，都傾向於海耶克的主張。此也直接證明了海耶克的先知性。當年海耶克在臺期間，除與各界交換有關臺、德經濟方面有關問題外，還參加臺德文化經濟協會、經合會等處的會談，並參觀臺北、花蓮各地名勝、古蹟、古物、陳列館，以及中央研究院等。

六、親身入威權虎穴弘揚自由經濟

海耶克第三次、也是最後一次來臺是一九七五年十一月九日，是其榮獲諾貝爾經濟學獎的隔年，所受的重視程度和歡迎場面遠甚於以往。在訪臺之前的十月四日，海耶克在西德的《法蘭克福通報》發表〈中華民國所給予我們的教訓〉專文，這是繼一九六五年第一次訪臺後在該報發表的專文後，再度對中華民國發表的評論文，長達一千二百字的文章，指責西方國家盲目媚匪，將鑄成大錯，並盛讚中華民國經濟建設的整體成就，可作爲開發中國家的借鏡。該文的兩點結論，一是「就我個人認為，給予人特別深刻的印象是，所有開發中國家多脫離貧窮的泥淖而踏上一貫經濟市場之路，所獲得的整體成就。而那些嘗試著採用社會主義方法的國家竟然臻於無望的地步，也予人以深刻印象。」。二是「『（自由世界）對中國共產黨令人難以相信的諂媚態度』，這種諂媚態度導致英國和法國這兩個歐洲最大的工業國家與中華民國中斷外交關係，以取悅毛共。目前正是聯合國已漸次發展成的新勒索機構，是應予及早結束的時候了。」

在十天的行程中，海耶克參加了十一月十日中國土地改革協會舉行的「自由經濟與土地改革」座談會，海耶克表示臺灣的土地改革是促成經濟發展的重要因素，而耕者有其田的實現，將可促進人類的自由。當天的《聯合報》刊登了施建生教授撰寫的〈自由經濟理念的弘揚——歡迎海耶克先生三度來華訪問〉歡迎詞，隔天的《經濟日報》社論，以「海耶克、凱因斯，自由主義」爲題發表專論，歡迎海耶克三度蒞臺。十一月十三日施建生教授還在臺大活動中心演講廳主持海耶克演講會，講題是「通貨膨脹與就業」，由已故的費景漢院士即席翻譯，吸引爆滿的聽眾。海耶克一開口就解釋爲何選此講題，乃因他覺得現實世界所遭遇的經濟危機和困難，主要是由於經濟學家對此課題的誤解所致。他說過去二百年來，經濟學家們一直深陷於「倘若我們要促進充分就業，就必須有適度的全國性貨幣供給才能達成」這個錯誤的思想裡。而這個理論之所以被大眾普遍接受，主因是它在短期中也許是正確的，但事實上長期來說絕對是錯誤的。在一九三〇年代世界大恐慌的時候，凱因斯以爲最要緊的政策是促進貨幣購買力的增加，二次大戰時此思想逐漸被人接受，此思想所產生的政策核心是：用通貨膨脹的辦法來促進充分就業。

海耶克說，這種錯誤思想的基本謬誤，乃是通貨膨脹所引來的就業，只是一個短期現象，此種就業需要以加速通膨的方法才能維持，一旦通膨停止，失業就立刻再度出現。而通膨的最大害處是，在通膨的過程中把許多工人暫時僱用在一種錯誤的場所，生產效率低，以至於這種就業機會必須用繼續的通膨辦法才能維持，也就是說失業的根本原因是工人在產業部門錯誤分配的結果。

海耶克表示，過去西方工業國家的市場制度，有好幾種限制國內過度膨脹的制度，如金本位和固定匯率，但這種制度被破壞掉了，結果就是一個國家可以盲目地用通膨手段來達成充分就業。可以這麼說，就是因爲我們把這種限制過度膨脹的制度破壞的結果，以致在戰前只需六、七年就能完成對通膨的調整，但二戰後要二十五年才能發揮調整的機能。

海耶克感嘆，我們如果用通膨辦法消滅短期性失業，所可能帶來的結果反而是長期性且更嚴重的失業。他表示過去曾屢次指出這種理論和政策的荒謬，但經濟繁榮時，大夥一起嘲笑他，但在經過二十五年的痛苦經驗後，才有人問他應用什麼辦法來解決當前困難，實在是太晚了！

海耶克雖沒明確說出解決之道，但在講詞中透露出必須停止通膨而由市場機能調節，而在一段期間的失業代價下，讓生產要素恢復適當分配，才能讓經濟回到正軌。海耶克還說了個小故事，那是二次大戰後的維也納，存在著一種過度而不自然的經濟繁榮，許多頗富情調而可愛的咖啡屋被新蓋的銀行取代了。可是這種虛有實無錯誤的繁榮不久就消失了，銀行倒閉，可愛的咖啡屋又再度恢復往日的生氣。這個故事充分證明了生產資源錯誤的分配現象。

海耶克特別強調我們要考慮一項十分重要的問題，那就是如何建立一種更良好的金融制度，他認爲金本位不失爲一種良好制度，但已經無法再恢復了。在很多制度中，海耶克說最討厭獨占，此種獨占原本要促進全民福祉，但事實是只能促進政府利益，只讓政府有無限制不負責任的權力。

海耶克提出一個奇妙的意見：讓人民自由選擇他們所使用的貨幣，各國都不許禁止其國民使用外國貨幣，也不禁止別國銀行到本國來從事銀行業務。海耶克表示，他最痛恨中央銀行和政府不負責任地爲了政治上的方便，而濫發貨幣。若能訂定國際條約，不准各國政府禁止其人民使用別國貨幣，將會有「良幣驅逐劣幣」的好結果，會讓各國政府不敢濫發貨幣，良性的「貨幣競爭」就會出現，這會是世人之福啊！

十一月十四日在中央研究院、臺大、政大及東吳大學聯合舉辦的「現代民主制度的優點及缺陷」座談會中，海耶克表示，爲使民主政治更完善，各國應該提高選民與候選人的年齡，而議員一旦當選，應該絕對獨立於利益團體及政黨之外，他也說計畫經濟與社會主義、集體主義幾乎是同義的，他反對計畫經濟，也反對政府的權力過大，政府的主要任務是爲民服務，若權力過大，勢必濫用權力。

十一月十五日，海耶克抵達臺中逢甲大學訪問，當天下午二時在該校音樂館大禮堂發表「價格制度、市場機能、自由經濟」專題演講，吸引爆滿聽衆，由湯愼之教授譯成中文。海耶克重申價格機制和市場機能爲自由經濟之精義，並澄清人們對價格機能市場自由運作下的疑慮，而且指陳計畫經濟之缺失，對於應用自然科學的一套方法來研究經濟學，認爲非但無法有任何結果，而且得出的似是而非之結果將貽害社會，破壞自由民主。

在回答問題時，海耶克強調凱因斯充分就業概念是錯的，而經濟學家及西方政客迷信它，故造成今日長期通膨之危機，使凱因斯學派之信奉者難以處理。原來凱因斯的「人爲的信用膨脹的有效需求」，充其量只在短期暫時有效，但潛伏著更多的失業和危機，分明是錯誤的，而凱因斯在逝世前也已知其非，並想修正，但未果而猝逝，乃大不幸也。海耶克再強調，我們應當保持幣值穩定，不濫擴充信用和人爲壓低利率，亦不使用功能和赤字財政。如此經濟必能在穩定中進展，另外，實行眞正專業分工之自由競爭，資源定能得到合理之分配，價值也臻於極大，而投資由民間自願儲蓄而來，如此雖會有短暫之蕭條，但可自動調節而達成全面均衡。

十一月十九日中午海耶克搭機離臺，結束十天的訪問，離臺前發表感言，表示發現我國之所以能順利度過世界經濟衰退的理由。他認爲我國政府在經濟政策上應屬保守派，過去未過分以信用膨脹政策促進經濟繁榮，而且在危機過程中，具有別國缺少的優點，那就是未受到過分失業人口的壓力，他特別稱讚我國的農村制度，在危機階段吸收了大批失業人口。海耶克也對我國未來的經濟發展方向提供建議，在不能逃避世界性的經濟衰退下，應儘量減少人爲的——以通貨膨脹——方式以求經濟復甦，應儘量降低經濟成長率。同時，在復甦方式上，應儘量創造復甦的環境，使經濟在自然合理的情況下成長。他強調，政府的責任只在於創造一個能產生進步的環境，而不在於以不正常的手段刺激不自然的進步。

海耶克表示，臺灣社會生活充滿了自由與活力，是邁向進步的成功典範。與他九年前來訪時比較，臺灣有驚人的進步，除了城市外觀完全改變外，一般人民與知識分子都富足而愉快，最值得稱道的，則是政府政策的正確。

關於國際政治，海耶克嚴詞譴責西方短視政治的愚昧行爲，他說，對於共產集團讓步，只會鼓勵他們作更大的擴張，在這種冷酷的事實下，與共產集團進行任何妥協，完全無意義可言，他斬釘截鐵地說：「我始終反對西方對共產集團的姑息政策。」他深信，只要自由世界的領袖們停止愚昧，共產主義終有全面崩潰的一天。

該次訪臺，海耶克也見到了當時的行政院長蔣經國，而且隔年（一九七六年）十月二十一日還與一九七一年諾貝爾經濟學獎得主顧志耐（S. Kuznets）一起膺選為我國中央研究院名譽院士。

由以上的描述，可知海耶克與臺灣的淵源並不淺，而臺灣的經濟學界對海耶克也並不陌生，但因主流經濟學將奧國學派置於邊陲，加上數理、計量方法的盛行及喧賓奪主，經濟學門的正統教學幾乎無海耶克的東西。在全球化、各國明顯倒向自由經濟、通貨緊縮成為棘手課題、政治鬥爭、政經糾葛不清的此刻，實在必須重新在海耶克的思想、著作中找答案。

最後值得一提的是，海耶克訪臺三次都是威權體制的時代，具有計畫經濟的影子，海耶克且對土改和臺灣經濟的成就讚揚有加，是否與其基本信念有違？這也讓我想起另一自由經濟巨擘弗利曼，他曾幫智利（Chile）的皮諾契特（Augusto Pinochet）軍政府從事經改，引發「為虎作倀」的激烈撻伐，並對其一九七六年獲頒諾貝爾獎造成困擾，而弗利曼也關切中國經改，曾與趙紫陽對談。以海耶克和弗利曼對自由經濟理念的「道一以貫之」堅定態度，我相信他倆是想在專制社會中灌輸自由經濟理念，讓這些極權社會早日走向自由，畢竟經濟自由會加速促進政治自由呀！

至於海耶克和弗利曼兩人曾在芝加哥大學同事過，也都對「貨幣理論」鑽研甚深，兩人有其共通性或歧異性嗎？兩人有相互影響嗎？在《海耶克論海耶克——對話式自傳》一書第四部中，海耶克談到弗利曼和他除了在貨幣政策外，其他各方面的見解幾乎完全一致，但他卻對弗利曼的《實證經濟論文集》（*Essays in Positive Economics*）沒有提出批評深感後悔，他認爲該書就某方面來看是非常危險的，與凱因斯那本《論貨幣》（*Treatise on Money*）的危險性不分軒輊，海耶克到英國初試啼聲就是評論這本書，而凱因斯也接納其意見而修改了內容，就是有這次經驗，當凱因斯的《一般理論》出版時，海耶克就發現其中很有問題，但他以爲凱因斯自己會發現而自行改正，結果竟然沒有，該書產生的影響無與倫比，卻是不良的結果，無怪乎海耶克時常公開說，最後悔的事情之一是沒有回頭批評凱因斯的這本書。

由海耶克對《論貨幣》的評論，也可得知他對貨幣有著與主流學說相當歧異的看法，而蔣碩傑院士抱持「流量」分析，迥異於弗利曼的「存量」分析，且公開批評弗利曼在這方面的觀點，應與海耶克異曲同工，由此似可推知，蔣先生的確是繼承海耶克的，師生倆的見解終究是一致的。至於海耶克和弗利曼是否有相互影響，就得勞煩讀者們自己在這本傳記裡去找答案了。

海耶克大事年表

年代	生平紀事
一八九九年	五月八日出生於奧匈帝國首都維也納
一九一七年	三月，中學未畢業的海耶克在維也納入伍
一九一八年	年底進入維也納大學就讀
一九二一年	取得維也納大學法學博士 受僱於米塞斯主持的機關
一九二三年	獲得維也納大學第二個博士學位─政治學博士，同時赴美進修，八月十九日投稿《紐約時報》，題目是「德國的金融」，是他發表的第一篇英文文章，論述德國的「貧困化現象」
一九二四年	五月返維也納，參加米塞斯籌組的一個私人研討會；該年並與赫拉結婚
一九二七年	一月一日就任「奧地利經濟景氣循環研究所」所長
一九二八年	撰寫〈貿易循環的貨幣理論〉，預測世界將出現經濟蕭條，不幸而言中一九三〇年代世界經濟大恐慌
一九二九年	取得擔任維也納大學「講師」資格
一九三一年	冬季應羅賓斯邀請赴英國倫敦政治經濟學院任教，展開與凱因斯的長期論戰
一九三八年	入籍英國

一九四一年	獲倫敦政經學院科學博士並代理《經濟學刊》編輯（一九四一～四四）
一九四三年	獲選為英國學院院士
一九四四年	出版《到奴役之路》一書，為其最知名著作
一九四五年	三月到五月，赴美作五週的《到奴役之路》新書演講
一九四七年	籌組「蒙貝勒蘭學會」（MPS）
一九四九年	離英赴美參加美國經濟學會（AEA）年會，冬季任教於芝加哥大學，春季赴阿肯色大學任客座教授
一九五〇年	七月十三日在阿肯色州華威頓郡辦妥離婚手續，回維也納與海倫結婚，秋季開學前趕回芝加哥。該年二月去信向倫敦大學政經學院辭職，到芝加哥大學「社會思想委員會」任職，以「社會與道德科學教授」名義應聘
一九六二年	離美赴德國佛萊堡大學擔任政治經濟學教授
一九六五年	九月底首次應邀訪臺
一九六六年	九月二次訪臺
一九六九年	年屆七十歲的海耶克自佛萊堡大學退休，被聘為名譽教授，隨即接受奧地利沙斯堡大學客座教授聘約
一九七四年	榮獲諾貝爾經濟學獎；沙斯堡大學頒榮譽博士

一九七五年	十一月九日三度訪臺
一九七七年	返佛萊堡大學當駐校榮譽退休教授；出版《貨幣非國家化》
一九七九年	完成《法律、立法與自由》第三卷《自由人民的政治秩序》
一九八四年	六月獲英國女皇頒"Companion of Honour（CH）"勳銜
一九八八年	出版《不要命的自負：社會主義的謬誤》
一九九一年	十一月十八日獲美國小布希總統頒「總統自由獎章」
一九九二年	三月二十三日病逝於德國佛萊堡，後移葬維也納，享年九十三歲

道德情感論（第三版） 1D23

作　　者：亞當．史密斯
譯　　者：謝宗林
出版日期：2019/8/12
定　　價：620元
ISBN 9789571195438

內容簡介

不讀《國富論》不知何謂「利己」。讀了《道德情感論》，才知道「利他」才是問心無愧的「利己」。十七世紀蘇格蘭貴族子弟的上課教材，儼然成爲當今社會最需要的一本好書！全球金融危機後，最發人深省的歷久彌新之作。

經理人員的職能 1D2E

作　　者：切斯特．巴納德
譯　　者：杜建芳
審 訂 者：陳敦基
出版日期：2018/12/1
定　　價：520元
ISBN 9789571197913

內容簡介

- 系統組織理論創始人、現代行爲科學之父及現代管理理論之父——巴納德最著名代表作。
- 巴納德在書中充分展現對組織系統的眞知灼見，建構了經理職能的理論框架與實踐理念，在管理領域中成爲傳頌不朽的經典鉅著。

資本論綱要 1DAD

作　　者：馬克思
日文編譯：高畠素之
中文譯者：施存統
審　　定：蔡中民
出版日期：2021/02/01
定　　價：520元
ISBN 9789865223861

內容簡介

馬克思主義「聖經」的《資本論》精簡本。提供讓想了解資本論，卻無法一生研究的讀者，能有個概略了解馬克思學說。

論降低利息和提高貨幣價值的後果 1D4A

作　　者：約翰．洛克
譯　　者：李華夏
出版日期：2022/03/01
定　　價：220元
ISBN 9786263175365

內容簡介

書中提出貨幣流通速度、劣幣驅逐良幣、貨幣幻覺、貨幣政策時滯、貿易經常帳的順逆決定資本帳（貨幣）流入及流出等現代所耳熟能詳的概念。洛克爲與封建社會相對立的資產階級社會法權觀念的經典表達者，其哲學論述也成爲現今英國政治經濟體一切觀念的基礎。

資本主義與自由（第四版） 1D2H

作　　者：密爾頓．弗利曼
譯　　者：謝宗林
出版日期：2020/10/22
定　　價：420元
ISBN 9789571196305

內容簡介

- 英文版銷售超過50萬本，已發行18種語言。
- 《倫敦泰晤士報文學評論增刊》評選爲「戰後最有影響力的一百部著作」之一。
- 臺灣人最關心，臺灣政府最需要知道的12道課題！

制度經濟學（上）、（下） 1D3V、1D3W

作　　者：約翰．羅傑斯．康芒斯
譯　　者：趙秋巖
審　　定：李華夏
出版日期：2021/10/01
定　　價：(上) 620元、(下) 750元
ISBN (上) 9786263171534、
(下) 9786263171541

內容簡介

康芒斯是早期制度經濟學派的代表人之一，透過這位經濟學家的著作，可以一窺制度經濟學派的改良式經濟理論與論述。

政治經濟體要素（經濟學綱要） 1D3N

作　　者：詹姆斯・彌爾
譯　　者：周憲文
審　　定：李華夏
出版日期：2020/04/01
定　　價：320元
ISBN 9789577639103

內容簡介

● 經濟學的不朽之作！

若說這是一本經濟學通論，不如說是一本政策建議書，針對當時英國政府量身打造。貢獻在於為後世採用，對19世紀整體世界局勢造成彌久影響，時至今日，仍深具歷史意義。

效益主義 1D4C

作　　者：約翰・斯圖爾特・彌爾
譯　　者：李華夏
出版日期：2020/09/01
定　　價：200元
ISBN 9789865221515

內容簡介

● 甚麼是眞正的效益主義？效益主義如何運用？「道德基礎」的判定基準是甚麼？
● 哲學史有名著作之一，在倫理學領域中廣為人知。
● 效益主義以提倡「最大幸福」為原則，在約翰・斯圖爾特・彌爾手上得到修正和擴張。

原富（國富論）（上冊） 1D2V

作　　者：亞當・史密斯
譯　　者：郭大力、王亞南
審　　定：吳惠林
出版日期：2020/07/01
定　　價：520元
ISBN 9789865220211

內容簡介

● 經濟學聖經。改變人類歷史，影響至今的不朽名著。
● 費時兩年嚴謹審定，重返「財富」及「利己」的眞實原貌。

《原富》共分五篇，上冊收錄前三篇。

原富（國富論）（下冊） 1D2W

作　　者：亞當・史密斯
譯　　者：郭大力、王亞南
審　　定：吳惠林
出版日期： 2020/07/01
定　　價：650元
ISBN 9789865220228

內容簡介

● 劃時代思想巨擘。此前各種思潮皆注入其中，此後百般學派皆從其而出。
● 費時兩年嚴謹審定，重返「財富」及「利己」的眞實原貌。

《原富》共分五篇，下冊收錄末二篇。

經濟學原理（上） 1D3D

作　　者：阿弗瑞德・馬夏爾
譯　　者：葉淑貞
出版日期：2021/03/01
定　　價：750元
ISBN 9789865223878

內容簡介

● 學習古典經濟學的教材之一，經濟學家鼎力推薦的入門必讀書。
● 現代經濟學之父馬夏爾的代表作，奠定現代經濟學的基礎。
● 《經濟學原理》共分六篇及附錄，上冊收錄前五篇。

經濟學原理（下） 1D3F

作　　者：阿弗瑞德・馬夏爾
譯　　者：葉淑貞
出版日期：2021/03/01
定　　價：600元
ISBN 9789865223885

內容簡介

● 學習古典經濟學的教材之一，經濟學家鼎力推薦的入門必讀書。
● 現代經濟學之父馬夏爾的代表作，奠定現代經濟學的基礎。
● 《經濟學原理》共分六篇及附錄，下冊收錄第六篇及附錄。

國家圖書館出版品預行編目資料

海耶克：揭穿社會主義眞相的一代經濟學大儒／吳惠林著．--
二版 -- 臺北市：五南圖書出版股份有限公司，2022.09
面；公分
ISBN 978-626-343-137-9（平裝）

1.CST: 海耶克 (Hayek, Friederich A. von(Friedrich August), 1899-1992) 2.CST: 經濟學家 3.CST: 傳記 4.CST: 經濟思想

550.1872　　111011848

大家身影 017

海耶克
揭穿社會主義眞相的一代經濟學大儒

作　　者 —— 吳惠林
發 行 人 —— 楊榮川
總 經 理 —— 楊士清
總 編 輯 —— 楊秀麗
主　　編 —— 侯家嵐
責任編輯 —— 陳俐君、石曉蓉
出 版 者 —— 五南圖書出版股份有限公司
地　　址：臺北市大安區 106 和平東路二段 339 號 4 樓
電　　話：02-27055066（代表號）
傳　　真：02-27066100
劃撥帳號：01068953
戶　　名：五南圖書出版股份有限公司
網　　址：https://www.wunan.com.tw
電子郵件：wunan@wunan.com.tw
法律顧問 —— 林勝安律師事務所　林勝安律師
出版日期 —— 2015 年 10 月初版一刷
2022 年 9 月二版一刷
定　　價 —— 350 元